보험
지식
IN

DIY
MONEY

보험지식
IN

이경제
이경락 지음

짧은 머리말

저의 첫 번째 책『보험, 덮어놓고 가입하면 거지꼴을 못 면한다』가 보험을 가입할 때 알아야 할 내용을 쓴 책이라면 이번 책은 고객이 보험을 가입할 때 알고 싶어 하는 내용을 쓴 책입니다. 2012년 8월을 시작으로 지금까지 네이버지식인에 답변한 질문 1,692개(비공개, 삭제된 질문을 제외한 현재 유효한 질문), 채택된 질문 734개 중 가장 많이 한 질문 26가지를 테마별로 정리했습니다. 지식인에서 활동한 지 5년이 넘었지만 질문 내용은 그다지 변한 게 없습니다. 여전히 비슷한 내용으로 궁금해하는 독자들에게 이 책이 마지막 답변이 되길 기대해 봅니다.

목차

1.
지식인 베스트 TOP5

2.
흔히 하는 오해들

3.
사회초년생의 궁금증

4.
설계사의 속임수

5.
TOP5에서 탈락한 중요한 질문들

1.

지식인 베스트 TOP5

암보험 추천해 주세요

암보험 안 파는 회사는 없습니다. 우리나라 보험사가 대략 30개 정도 되니 암보험의 종류가 적어도 30개는 된다는 얘기입니다. 고객들도 대부분 암보험 하나 정도는 다 가지고 있을 겁니다. 가입하려고 하는 사람도 엄청나게 많구요. 사실 좋은 암보험의 기준은 매우 단순합니다. 첫째, 저렴한 보험료. 둘째, 넓은 보장. 쉽게 얘기해서 싸고 보장 좋은 걸로 선택하면 된단 겁니다. 너무 당연한 얘기인가요?

싸고 보장도 좋은 상품이 어딨냐고 하겠지만 희한하게도 보험은 대부분 보장 좋은 회사가 보험료도 쌉니다. 중고차 시장에서는 '싸고 좋은 차는 없다'가 일반적인 논리인데 보험은 싸고 좋은 보험이 있습니다. 보장을 덜 해 주는 회사가 보험료가 비싼 경우가 대부분입니다.

암보험을 알아볼 때는 일단 보장범위부터 확인하는 게 좋습니다. 보장이 가장 넓은 상품들을 추려낸 다음에 그 상품들만 보험료 비교를 해서 가장 저렴한 상품으로 가입하면 됩니다. 암보험의 보장은 다른 거 없습니다. 소액암의 개수가 적은 상품이 보장이 넓은 상품입니다. 회사마다 명칭이 조금씩 다르긴 하지만 여기서는 가입금액보다 적게 주는 암을 전부 소액암이라 칭하겠습니다.

기본적으로 갑상선암, 기타피부암, 경계성종양, 제자리암은 모든 회사가 소액암입니다. 대부분 가입금액의 10%를 보상해 주는데 일부는 20%, 혹은 그 이상을 보장해 주는 회사도 있습니다. 여기에 손해보험사의 절반 정도는 대장점막내암도 소액암에 포함이 됩니다. 생명보험사 중에는 자궁암, 유방암, 방광암, 전립선암 같은 남성, 여성 특정암도 소액암으로 분류된 회사가 굉장히 많습니다. 그렇기 때문에 암보험을 가입할 때는 생명보험사는 배제하고 손해보험사 중에서 대장점막내암이 일반암인 회사를 골라낸 다음 보험료를 비교해서 가입하시면 됩니다.

상품을 선택했다면 다음은 가입할 담보를 결정해야 합니다. 암보험이면 그냥 암보험이지 뭔 담보가 있냐고 하실 분도 있겠지만 암보험에는 한 가지 담보만 있는 게 아닙니다.

회사마다 조금씩 차이는 있지만 일반적으로 암진단비, 암수술비, 암입원비, 항암치료비, 고액암진단비 정도가 암보험에서 선택할 수 있는 담보입니다.

이렇게 써 놓고 보면 종류가 참 많다는 생각이 들지만 용도는 모두 동일합니다. 병원비는 당연히 실비에서 나오기 때문에 저 많은 담보의 목적은 전부 암 진단 시의 생활비입니다. 암수술비 담보에서 받은 보험금으로 수술비를 내는 게 아니라는 겁니다.

예를 들어 암진단비 3,000만 원, 암수술비 300만 원을 가입했다면 수술비로 300만 원 지출하고 남은 3,000만 원으로 생활비를 쓰는 게 아니라 실비에서 수술비를 받고 3,300만 원을 생활비로 쓴다는 얘기입니다. 암수술비뿐만 아니라 암입원비, 항암치료비도 동일합니다. 실비가 있다면 굳이 가입하지 않아도 되는 담보입니다.

〈30세 남 20년납 100세 만기〉

담보	가입금액	보험료
암진단비	3,000만 원	39,000원
암수술비	300만 원	3,000원
암입원비	10만 원	5,500원
항암치료비	100만 원	800원
고액암진단비	3,000만 원	4,500원
보험료 합계		52,800원

실제 설계 내용입니다. 보통은 이런 식으로 가입합니다. 고액암 진단비(회사에서 정한 고액암을 진단받으면 암진단비와 함께 중복 지급)는 보장금액에 비해 보험료가 저렴하고 고액암 진단시 생활비가 더 많이 필요할 수 있기 때문에 추가해도 나쁘지 않습니다. 하지만 그 외의 담보들은 보장금액에 비해 보험료가 비싸고 앞서 말씀 드린 것처럼 실비와 중복되기 때문에 과감히 삭제해도 상관없습니다. 제가 보여 드린 담보 외에도 차별성을 두기 위해 회사마다 여러 특약들을 많이 출시합니다. 건강검진 비용을 지원해 준다거나 대형 병원을 예약해 주는 옵션도 있습니다. 암보험처럼 중요한 보험은 비싸고 보장이 좀 덜 되더라도 큰 회사에 가입해야 한다는 의견도 있습니다. 가성비가 대세인 시대에 씨알도 안 먹히는 소리입니다. 전혀 신경 쓸 필요 없습니다.

당연한 얘기지만 암보험은 암진단비가 제일 중요합니다. 소액암 개수가 적은 암진단비, 보험료가 저렴한 암진단비. 이 두 가지가 핵심입니다. 이제부터 암보험을 알아볼 때는 이렇게만 요청하면 됩니다.

"소액암이 네 가지인 회사 중에서 암진단비가 가장 저렴한 상품으로 설계해 주세요."

입원일당 꼭 필요한가요?

설계사든 고객이든 이상하리만치 포기 못 하는 담보가 입원일당입니다. 어느 회사에서 입원일당 가입한도를 일시적으로 높였다는 소리가 들리면 다들 빨리 가입하려고 난리가 납니다. 하도 많이 가입하다보니 이제는 보험사 전체 가입한도가 생겨날 정도입니다. 기가 찰 노릇입니다. 대부분의 보험사는 전체 보험사 누적한도를 10만 원으로 제한해놨습니다. 다른 보험사에서 가입한 입원일당이 10만 원을 넘으면 더 이상 가입이 안 된다는 얘기입니다. 그 말인즉슨 일당을 10만 원 이상 가입하려는 사람이 있다는 것이고 예전에 가입한 사람 중에는 그 이상 가입한 사람도 있다는 겁니다. 입원일당이 과연 이렇게 열광할 만큼 좋은 담보일까요?

입원일당이란 상해나 질병으로 입원했을 때 가입당시 설정한 금액을 받는 담보입니다. 대게 손해보험사는 입원일당, 생명보험사는 입원특약으로 표기되어 있습니다. 생명보험사는 통상 4일째부터, 손해보험사는 첫날부터 보장받을 수 있습니다. 최근에는 생명보험사도 첫날부터 보장해 주는 담보를 많이 판매하고 있습니다. 여러분들의 보험에도 대부분 들어 있을 겁니다.

담보명	납입기간/만기	보장금액	보험료
질병입원일당(1일 이상)	20년/100세	3만 원	19,317원
상해입원일당(1일 이상)	20년/100세	3만 원	6,870원

30세 남 20년납 100세 만기 기준 설계입니다. 질병이나 상해로 입원했을 때 3만 원 나오는 담보의 보험료가 26,187원입니다. 나름 저렴한 보험사를 골라 설계한 게 저 정도입니다. 한 달에 26,187원내고 입원하면 하루에 3만 원 받습니다. 상식적으로 이해가 되시나요? 누적한도를 꽉 채워서 10만 원 가입했다면 입원일당으로만 거의 9만 원을 내야 합니다.

물론 보험료는 20년 동안만 내고 보장은 100세까지 받습니다. 그럼 괜찮은걸까요? 총 납부해야 하는 보험료를 계산해 보면 26,187원×12개월×20년=6,284,880원입니다. 살면서 약 209일 정도 입원해야 본전입니다. 돈의 시간가치도 생각해야 합니다. 젊을 때야 입원할 일이 얼마나 있겠습니까. 나이 들어서 큰 병이 걸리면 장기적으로 입원해야 할 수도 있지만 그때는 3만 원의 가치가 심하게 추락하고 난 이후입니다.

설령 209일 이상을 입원한다 하더라도 3만 원을 받는 게 큰 의미가 있지는 않습니다. 입원일당은 실비에 대한 이해가 안 되어 있는 상태에서 가입하게 되는 경우가 대부분입니다. 일당이 없으면 입원 비를 내가 내야 된다고 생각합니다. 다른 질문에도 누차 나오겠지 만 실비에서 입원비든 수술비든 약값이든 거의 다 나옵니다. 상급 병실은 실비에서 다 보장이 안 되니 일당으로 충당해야 한다고 주 장하는 사람도 있습니다(실비에서는 1일 10만 원 한도, 기준병실과 의 차액의 1/2 지급). 그거 메꾸려고 저 돈 낼 바에 그냥 맛있는 거 사먹고 맙니다.

태아나 어린이보험을 가입할 때 만기를 짧게 잡고 잠깐 가입했다 가 빼는 정도로 활용하는 건 그나마 괜찮습니다. 자녀가 어릴 때는 어른들보다 입원할 확률이 높고, 신생아의 경우 선천적인 질병 등 으로 장기간 입원할 수도 있기 때문에 가입초기에 1~2년 정도 유지 하다 삭제할 생각으로 가입하는 건 크게 말리진 않겠습니다.

참고로 태아 기준 20년 납 100세 만기 입원일당 3만 원 설계 시 약 18,500원, 20년 납 20년 만기 설계 시 약 6,400원입니다.

하지만 대부분은 입원일당이 필요 없습니다. 보험료대비 가장 비 효율적인 담보가 입원일당입니다. 다들 가입한다고 따라 가입하지 마시고, 주위에서 자기는 입원하기만 하면 5만 원, 10만 원 나온다는 그런 바보 같은 소리에 혹하지 마시고 본인 보험에 입원일당이 들어있다면 바로 삭제하시기 바랍니다.

세 군데에서 견적을 받았습니다. 비교 좀 해 주세요

결론부터 말씀드리면 저런 방식으로 받은 설계서는 아무런 쓸모가 없습니다. 글씨가 적혀 있는 A4용지에 불과합니다. 비교해 볼 필요 없이 그냥 쓰레기통에 버리면 됩니다. 뭐가 필요한지도 모르는데 어떤 게 더 좋은지 물어보는 건 애초에 잘못된 질문입니다. 옷 입을 사람이 누군지도 모르는데 마네킹이 입은 옷 중에 뭐가 더 잘 어울리는지 물어보는 것과 같은 질문입니다.

설계서는 고객의 생각을 반영해서 만들어야 합니다. 고객의 상황과 생각에 따라 설계는 달라져야 합니다. 설계사가 일방적으로 보내주는 설계서는 천편일률적일 수밖에 없습니다. 그런 식으로 영업하는 설계사들의 설계는 남녀노소를 막론하고 거의 비슷할 겁니다.

보험은 우리가 생각하는 것처럼 그렇게 간단하게 가입할 수 있는 상품이 아닙니다. 한 번 사보고 마음에 안 들거나 필요 없으면 버리면 되는 상품도 아닙니다. 보험은 가입하는 시점부터 죽을 때까지 가지고 가야 하는 상품입니다. 하지만 고객들은 귀찮고 어려운 상품 정도로만 생각합니다. 가입은 해야겠고 신경 쓰기는 싫으니 대충 가입만 하고 맙니다.

20년납 100세 만기 기준 월 10만 원짜리 보험을 가입했다면 20년 간 내야 하는 보험료가 2,400만 원입니다. 거기에 갱신형 담보의 보험료까지 생각하면 3,000만 원은 족히 넘어갑니다. 이런 고가의 상품을 대충 가입해서야 되겠습니까.

이건 카달로그만 보고 중형차 한 대 사는 것과 같습니다. 옵션도 딜러가 알아서 마구 추가합니다. 그 옵션이 무슨 역할을 하는지는 모르지만 좋다니까 그냥 추가합니다. 대충 3,000만 원에 맞춰서 계약하고 타고 다닙니다. 그래도 차는 그림만 보면 대충 알 수 있지만 보험은 그림이 없습니다. 가입하고 나서도 뭔지 모르고 그냥 지내는 경우가 대부분입니다.

제대로 된 설계사를 직접 만나서 상담받아야 합니다. 메일로 설계서만 받는 것은 아무 의미가 없습니다. 설계사로부터 보험에 대한 전반적인 설명을 듣고 본인이 원하는 것을 반영해서 같이 설계해야 합니다. 설계사를 만났을 때 이해가 되지 않거나 특정 상품에 대한 설명만 한다면 다른 설계사를 만나는 것이 좋습니다. 제대로 된 상담을 받게 되면 큰 틀이 이해가 되기 때문에 인터넷에 여기저기 물어 볼 일도 없습니다.

설계해 주는 대로 가입하면 호갱님 됩니다. 보험은 만들어진 상품을 가입하는 게 아니라 만들어서 가입하는 겁니다.

실비보험, 15만 원 정도면 적당한가요?

이런 질문은 대부분 실비보험에 대한 개념이 잘못 잡혀 있기 때문에 나오는 질문입니다. 실제로 실비보험은 30세 남자 기준으로 월 15,000원 정도밖에 하지 않습니다. 우리가 통상적으로 알고 있는 실비보험은 대부분 통합보험입니다. 통합보험 안에 실비 담보가 포함되어 있을 뿐입니다. 암보험도 비슷합니다. 30세 남자 기준으로 아무리 비싸게 설계해 봤자 5만 원 내외입니다. 그 이상 보험료를 내고 있다면 역시 암보험이 아니라 통합보험입니다. 인식이 이렇다보니 '실비보험'에 진짜 '실비'는 빠져 있는 경우도 있습니다.

'제 실비는 15만 원인데 친구 실비는 5만 원밖에 하지 않습니다. 제 실비는 왜 이렇게 비싼가요' 이것도 잘못된 질문이겠죠? 통합보험 안에는 실비 외에도 다른 담보가 많이 들어 있습니다. 보험료가 차이 나는 건 당연합니다. 같은 상품에 동일한 특약을 넣으면 보험료는 무조건 같습니다.

가입담보	가입금액	보험료(원)	납기/만기
갱신형 상해입원의료비	5천만원	565	1년 / 1년 갱신종료 : 15년
갱신형 상해통원의료비[외래]	25만원	182	1년 / 1년 갱신종료 : 15년
갱신형 상해통원의료비[처방조제]	5만원	4	1년 / 1년 갱신종료 : 15년
갱신형 질병입원의료비	5천만원	5,012	1년 / 1년 갱신종료 : 15년
갱신형 질병통원의료비[외래]	25만원	4,210	1년 / 1년 갱신종료 : 15년
갱신형 질병통원의료비[처방조제]	5만원	361	1년 / 1년 갱신종료 : 15년
갱신형 도수치료·체외충격파치료·증식치료	3백50만원	2,031	1년 / 1년 갱신종료 : 15년
갱신형 비급여주사료	2백50만원	714	1년 / 1년 갱신종료 : 15년
갱신형 비급여자기공명영상진단(MRI/MRA)	3백만원	1,779	1년 / 1년 갱신종료 : 15년
자동갱신특약			
표준화실손의료비보장안정화			
보장 합계보험료			14,858 원

실비보험 설계서입니다. 이 담보 외에 다른 담보가 들어 있다면 그건 실비보험이 아닙니다. 상품명은 회사가 만들기 나름입니다. 이름에 상관없이 통합보험이라고 생각하면 됩니다.

그럼 질문을 좀 수정해서, 30세 남자가 통합보험을 15만 원 정도로 가입했다면 적당한 걸까요? 사실 문의하신 분도 이런 의도로 물어봤을 겁니다. 하지만 이 질문도 답변이 불가능한 질문입니다.

'제가 어제 마트에서 장을 봤는데 5만 원 정도 나왔습니다. 적당하게 잘 본 건가요?'

이 질문에 답이 가능한가요? 뭘 샀는지, 몇 명이 먹을 걸 샀는지, 어디서 샀는지와 같은 세부 정보도 없이 무작정 이런 식으로 물어본다면 답할 수 있는 사람은 아무도 없을 겁니다. 설령 안다 해도 답을 해 주기 어렵습니다. 보험도 마찬가지입니다. 하지만 많은 설계사들이 아무렇지도 않게 답을 해 줍니다.

그 정도면 적당한 것 같네요.
30세 치고는 너무 비싸게 가입한 것 같은데요?

증권도 안 보고, 고객의 의견도 안 들어보고 어떻게 그렇게 잘 아는지 모르겠습니다.

보험료의 적정수준은 전체보험료로 판단할 수 없습니다. 그 속에 어떤 담보들이 들어 있는지가 중요합니다. 가입한 보험이 내가 원하는 담보로 가득 차 있다면 납입할 수 있는 한도 내에서는 15만 원이든 20만 원이든 적정한 겁니다. 반대로 전혀 필요 없는 담보로 구성되어 있다면 5만 원이어도 비싼 겁니다.

보험료는 설계사가 정해 주는 게 아닙니다. 본인의 생활수준은 본인이 제일 잘 압니다. 전체 보험료가 얼마이건 그건 중요하지 않습니다. 필요한 담보들을 내가 원하는 만큼 가입했다면 그걸로 된 겁니다. 그렇게 설계해서 나온 보험료가 본인에게 가장 적정한 보험료입니다.

꼭 가입해야 하는 보험이 무엇인지 알려 주세요

'꼭 가입해야 할 보험과 가입하지 않아도 되는 보험'이라는 말은 어떻게 보면 잘못된 표현입니다.

보험은 만들어져 있는 상품을 구매하는 것이 아닙니다. 대형마트에서 필요한 물품을 카트에 담듯이 수십 가지 담보 중에서 내가 필요한 항목을 골라 가입하는 것이 보험입니다.

사망보험금과 암보험을 가입하고 싶다면 의무적으로 가입해야할 기본계약을 설정하고 그 아래 여러 특약 중 사망보험금과 암진단비를 선택해서 가입하면 됩니다. 다른 보장이 더 필요하다면 당연히 그 담보도 같이 선택해서 사망보험금, 암진단비와 함께 한 번에 가입하면 됩니다. '30세 남자 암보험 3만 원' 이런 건 잘못된 표현입니다.

운전자보험처럼 특정담보를 위한 보험도 있지만 그런 보험도 기본계약이 있거나 특약을 직접 선택해야 하는 경우가 대부분이기 때문에 여기서는 꼭 가입해야 할 보험이 무엇인지를 말씀드리기보다 어면 담보로 보험을 구성해야 하는지를 알려드리도록 하겠습니다.

가입목적에 따라 조금씩 다를 수는 있겠지만 아무 보험도 없는 상태에서 가입을 한다면 기본적으로 사망보험금, 3대진단비(암, 뇌질환, 심장질환), 실비를 중심으로 가입해야 합니다. 이 담보들을 저는 메인담보라고 표현하겠습니다. 메인담보 외에도 많은 담보들이 있지만 여기서는 보험료의 대부분을 차지하는 이 다섯 가지 담보만 언급하도록 하겠습니다.

먼저 사망보험금입니다. 사망보험금의 가입목적은 크게 두 가지로 나눌 수 있습니다. 자녀의 독립 전후를 기준으로 자녀가 독립하기 전에는 가족의 생계유지비, 자녀가 독립한 후에는 상속 및 장례비가 사망보험금의 목적입니다. 상속 및 장례비로의 사망보험금은 선택이지만 자녀독립 전의 사망보험금은 필수이기 때문에 사망보장을 선택할 때는 대게 보장기간을 60세~70세 정도로 잡습니다. 보장금액은 얼마가 적정수준인지 책정하기 어렵지만 일반적으로는 3년 정도의 연봉 혹은 창업비용을 생각해서 본인의 생활수준에 맞게 가입하시면 됩니다.

다음은 3대진단비입니다. 병원비는 실비만 있으면 거의 다 해결이 됩니다. 하지만 큰 질병이 걸리게 되면 일을 하지 못하기 때문에 생활비에 문제가 생깁니다. 이 부분을 충당하기 위해서 3대 진단비를 준비합니다. 가입금액은 생활비 외에 간병비나 건강보조식품에 대한 비용도 고려해서 연봉(1년 생활비)+1~2천만 원(간병비, 건강보조식품) 정도로 설정하면 됩니다. 평균적으로 뇌질환, 심장질환이 치료기간, 회복기간이 길기 때문에 암진단비보다는 이 두 진단비에 좀 더 투자하는 것이 좋습니다.

마지막으로 실비(실손의료비) 입니다. 실제 들어간 병원비를 보장을 받기 위해서 가입하는 가장 기본이 되는 항목입니다. 실비는 모든 회사가 동일하기 때문에 가입만 하면 됩니다. 단 중복보상이 되지 않기 때문에 두 개를 가입할 필요는 없습니다.

2.

흔히 하는 오해들

보험, 왜 이렇게 어려운가요?

보험, 너무 어렵다, 복잡하다, 헷갈린다, 봐도 모르겠다.

일을 하면서 가장 많이 듣는 얘기입니다. 하지만 실제로 보험은 성인이 들어서 모를 만큼 어렵지 않습니다.

이해가 되지 않는다면 문제는 고객이 아니라 설계사입니다. 좀 더 명확하게 얘기하면 설계사의 상담과정이 문제입니다. 제가 듣고 보았던 거의 모든 상담은 설계사 위주의 상담입니다. 고객의 의사는 전혀 고려하지 않고 무작정 자기가 생각하는 설계안을 몇 개 만들어 와서 일방적으로 설명합니다. 그리고 고객은 그중에서 그나마 괜찮아 보이는 것을 선택합니다. 10명 중에 9명은 이런 방법으로 상담을 받습니다. 사실 이런 방식은 고객에게 전혀 도움이 되지 않습니다. 조금 더 냉정하게 얘기하면 이런 과정의 상담은 틀렸습니다. 과정이 잘못됐기 때문에 이해되지 않는 것은 당연합니다.

경우에 따라서는 수백, 수천 가지가 나올 수 있는 것이 가입설계서입니다. 그중 임의로 몇 개의 설계서를 가져와서 어떤 것이 필요한지도 모르는 고객을 상대로 설명한다는 것이 애초에 맞지 않는 방식입니다. 설계사의 가장 큰 역할은 설계서를 뽑아오는 것이 아니라 보험의 큰 틀을 제시하고 고객의 성향에 맞는 설계를 할 수 있게 도와주는 것입니다. 자기가 마음대로 설계해서 고객을 그 속에 강제로 집어넣는 게 아니라는 겁니다.

원래대로라면 다음과 같은 방식이 제대로 된 상담과정입니다.

1) 설계사가 보험의 전반적인 내용을 설명(상품에 대한 설명이 아님)
2) 고객은 들은 내용을 바탕으로 자신의 상황과 생각을 전달
3) 설계사와 고객이 함께 설계
4) 최적화된 구성의 설계안 가입

좋은 설계사를 만나서 제대로만 상담받으면 누구나 쉽게 이해할 수 있는 것이 보험입니다. 고객의 이해력을 탓하지 마시고 설계사를 바꾸십시오. 그게 가장 빠르고 현명한 방법입니다.

운전자보험 정말 9,900원이면 되나요?

질문에 답변하기에 앞서 운전자보험이 뭔지를 정확하게 설명드려야 할 것 같습니다. 차를 사면 의무로 가입해야 하는 자동차보험과 혼동하는 분이 생각보다 많습니다. 자동차보험과 운전자보험은 전혀 다른 보험입니다. 쉽게 설명드리면 자동차보험은 사고 시 차량 수리비와 운전자의 치료비를 보상해 주는 보험이고 운전자보험은 법률비용을 보상해 주는 보험입니다. 담보는 총 세 개입니다.

교통사고 처리 지원금

자동차 운전 중 자동차사고로

1) 타인을 사망케 하거나

2) 중대법규위반 교통사고로 피해자가 42일 이상의 치료를 요한다는 진단을 받았을 경우

3) 일반교통사고로 피해자에게 중상해를 입힌 경우

타인 1인당 가입금액을 한도로 합의금으로 지급한 금액 보상

방어비용(변호사선임비용)

자동차를 운전하던 중 자동차사고로 타인의 신체에 상해를 입혀 구속영장에 의하여 구속되었거나 검찰에 의하여 공소 제기(단, 약식기소는 제외)된 경우 또는 검사에 의해 약식기소 되었으나 법원에 의해 보통의 심판절차인 공판절차에 의해 재판이 진행하게 된 경우에 변호사선임비용을 부담함으로써 입은 손해를 보험가입금액 한도로 실손 보상(단, 검사에 의해 약식기소 되었으나 피보험자가 법원의 약식명령에 불복하여 정식재판을 청구한 경우 제외)

벌금

자동차를 운전하던 중 자동차사고로 타인의 신체에 상해를 입혀 확정판결에 의하여 정해진 벌금액을 가입금액 한도로 실손 보상

〈35세 남 자가용운전자 20년납 100세 만기〉

담보명	납입기간/만기	보장금액	보험료
자동차사고부상발생금(1~4급)	20년/100세	300만 원	1,230원
자동차사고부상발생한방치료비	20년/100세	50만 원	925원
자동차사고부상발생금(차등급부)	20년/100세	10만 원	7,125원
일반상해사망	20년/100세	3천만 원	2,430원
일반상해50%이상후유장해	20년/100세	2천만 원	560원

교통상해사망	20년/100세	3천만 원	1,761원
교통상해후유장해	20년/100세	2천만 원	574원
상해입원비	20년/100세	2만 원	5,694원
상해수술비	20년/100세	50만 원	3,340원
상해수술한방치료비	20년/100세	5만 원	1,412원
자동차사고성형수술비	20년/100세	100만 원	58원
골절수술비	20년/100세	20만 원	252원
교통상해골절진단비	20년/100세	10만 원	74원
깁스치료비	20년/100세	30만 원	909원
깁스치료한방치료비	20년/100세	5만 원	634원
골절진단비	20년/100세	20만 원	1,026원
골절진단한방치료비	20년/100세	5만 원	1,072원
벌금	20년/100세	2천만 원	525원
교통사고처리지원금	20년/100세	3천만 원	4,782원
변호사선임비용	20년/100세	500만 원	194원
보복운전피해보장 I	20년/100세	20만 원	5원
보복운전피해보장 II	20년/100세	50만 원	4원
사고운반비용(20km초과)	20년/100세	20만 원	40원
보험료 합계			34,626원

설계사를 통해서 가입할 때는 보통 이런 식으로 가입합니다. 보장
보험료는 34,626원입니다. 여기에 적립보험료를 더해 4만 원 혹은

5만 원으로 가입합니다. 적립보험료는 둘째치고라도 운전자 보험과 상관없는 담보들이 수두룩합니다. 운전자보험이라고 하기에는 운전자 담보가 너무 초라해 보입니다. 차라리 상해보험이라고 하는 게 더 잘 어울립니다. 다들 이렇게 설계를 해 주다보니 보험료가 부담이 됩니다. 그래서 나온 게 9,900원짜리 혹은 만 원짜리 다이렉트 운전자보험입니다.

담보명	납입기간/만기	보장금액	보험료
벌금	10년/10년	2천만 원	235원
변호사선임비용	10년/10년	5백만 원	105원
교통사고처리지원금	10년/10년	3천만 원	2,343원
교통상해사망	10년/10년	1천만 원	280원
적립보험료			6,937원
보험료 합계			9,900원

동일하게 35세 남자, 자가용 운전자 기준입니다. 보장보험료 2,963원에 적립보험료 6,937원을 더해 9,900원입니다. 담보를 보면 운전자 담보와 기본계약(교통상해 사망 및 고도후유장해)만 들어가 있습니다. 담보구성은 좋습니다. 정확히 운전자보험입니다. 문제는 납입기간과 보험기간입니다. 10년 납 10년 만기입니다. 10년 후에 재가입해야 된다는 얘기입니다. 만약 앞의 설계처럼 100세까

지 유지한다면 9,900원을 65년간 납입해야 합니다. 총 납입 보험료는 9,900원×12×65=7,722,000원입니다. 20년 납으로 환산하면 3만 원 정도 되는 설계입니다. 당장 9,900원이라고 싼 게 아니라는 겁니다. 차라리 앞의 설계가 더 나아보이기도 합니다. 앞에 것은 보장이라도 많지 이건 운전자담보만 가입하고도 적지 않은 보험료를 내야 합니다. 이렇게 가입해놓고 싸게 가입했다고 좋아합니다. 설계사 통해서 가입하면 비싸기만 하니까 꼭 다이렉트로 가입하라고 추천까지 합니다.

〈 35세 남 자가용운전자 20년납 110세 만기 〉

담보명	납입기간/만기	보장금액	보험료
일반상해사망	20년/110세	1백만 원	87원
일반상해80%이상후유장해	20년/110세	1백만 원	15원
질병80%이상후유장해	20년/110세	1백만 원	310원
벌금	20년/110세	2천만 원	558원
교통사고처리지원금	20년/110세	3천만 원	5,080원
변호사선임비용	20년/110세	5백만 원	206원
보험료 합계			6,256원

운전자보험은 이렇게 설계하면 됩니다. 얼마나 싸게 가입할 수 있는지 보여 드리기 위해 만기도 극단적으로 길게 잡았습니다. 6,256

원을 20년만 내면 110세까지 보장받는다는 겁니다. 80세나 100세로 하면 보험료는 더 저렴해집니다. 다만 상품의 최소보험료가 대부분 2~3만 원이기 때문에 최소보험료 기준이 없는 상품을 찾아야 합니다. 그게 힘들면 기존에 가입한 본인의 보험에 추가해도 됩니다. 어쨌든 제대로만 설계하면 5,000원 내외로 가입할 수 있는 것이 운전자 보험입니다.

운전자 보험,
9,900원이면 엄청 비싼 겁니다.

재무설계를 받고 싶은데 누구에게 받아야 하나요?

- IFP(Insurance Financial Planer), 종합자산관리사
- AFPK(Associate Financial Planner Korea), 한국재무설계사
- CFP(Certified Financial Planner), 국제공인재무설계사

대표적인 재무설계사 관련 자격증입니다. 이런 종류의 자격증을 따면 한국 혹은 세계에서 재무설계사 자격을 줍니다. 본인을 재무설계사라고 소개해도 무방합니다. 하지만 자격증이 없다고 해서 본인 명함에 재무설계사라고 쓰면 안 된다는 법도 없습니다. 자격증을 만든 단체는 그들만의 마크가 있습니다. 명함에 그 마크를 쓰지만 않으면 본인을 자산관리사라고 하든 재무설계사라고 하든 아무 상관이 없습니다.

실제 자신을 재무설계사로 소개하는 사람의 대부분은 보험설계사입니다. 재무설계사 자격을 취득하고 영업하는 사람도 있지만 그들도 주업은 보험설계사 입니다. 보험회사 중에서 설계사의 공식명칭을 보험설계사라고하는 곳은 한 곳도 없습니다.

- FP(Financial Planner)

- FC(Financial Consultant)

- FSR(Financial Services Representative)

- LP(Life Planner)

알파벳은 다르지만 전부 재무설계사라는 의미가 담긴 단어를 사용합니다. 특히 생명보험사에서 재무설계사, 자산관리사라는 명칭을 많이 씁니다. 설계사들도 본인의 직업을 보험설계사라고 잘 소개하지 않습니다. 자격증이 있는 사람들은 상담하기 전에 자격증을 꺼내놓고 시작하기도 합니다. 저라고 뭐 달랐겠습니까. 지금이야 그렇지 않지만 초반에는 주위에서 무슨 일 하냐고 물어보면 자산관리사라 그랬습니다. 그래도 자격증이 세 개나 있었으니 나름 당당하게 얘기했습니다. 꼴값 떨었던 거죠. 그러면 사람들이 물어봅니다.

"아 그래? 그럼 보험 설계사랑 다른거야?"

"응?……"

저는 대학생 때 IFP, AFPK, 펀드투자상담사 자격을 취득했습니다. 대학생 때 벌써 국가공인 재무설계사였습니다. 재무설계사의 'ㅈ'

도 모르는 재무설계사. 기껏해야 통장밖에 못 만드는 재무설계사. 재무설계사란 직업 혹은 자격을 무시하는 건 아닙니다. 자격취득의 유무가 컨설팅 실력을 좌우하는 건 아니라는 겁니다.

대한민국에서 재무설계사란 직업이 제대로 자리잡기에는 아직 시간이 많이 필요합니다. 재무설계사라고 하면 박학다식한 전문가로 생각하고, 보험설계사라고 하면 동네 보험 아줌마라고 생각하는 우리의 사고방식을 바꿔야 합니다. 재무상담 사이트에 상담을 요청해도 어차피 보험설계사가 옵니다. 보험얘기하면 저급하게 여기고 CMA통장이나 펀드, 주식 같은 얘기하면 고급스럽게 여기는 인식도 마찬가지입니다. 보험은 재무설계의 기본입니다. 재무설계 해 준답시고 보험만 제안하는 것도 문제지만 보험을 빼놓고 제안하는 건 더 큰 문제입니다. 아무튼 고객들의 인식이 그렇다보니 보험회사도 다들 자기 설계사들을 재무설계사라고 하는 겁니다. CMA가 언제적 CMA인지. 회사에서 제공해 주는 TOOL에 고객정보만 넣어서 제안하다보니 몇 년이 지나건, 고객이 누구건 전부 비슷합니다. 유료로 재무상담 받았다는 고객도 만나보면 똑같습니다. 돈만 아깝습니다.

그렇다고 해서 재무상담을 받을 필요가 없다는 건 아닙니다. 아무에게도 상담 받지 않고 쓰면 쓰는 대로, 남으면 남는 대로 그냥 놔

둘 수는 없지 않습니까. 은행이나 증권사 혹은 보험사의 PB센터에서도 상담을 받을 수 있지만 대부분 VIP를 대상으로 상담을 진행합니다. 설령 기회가 닿아서 상담을 받는다 하더라도 한 분야에 특화된 상담이 대부분이기 때문에 전체적인 재무설계가 이뤄지긴 어렵습니다. 결국 접근성과 상품선택의 폭을 생각하면 보험설계사에게 재무설계를 받을 수밖에 없습니다. 자격증, 경력, 직책 같은 겉치레가 중요한 게 아닙니다. 괜히 재무설계사 찾아다닌다고 시간 허비할 필요 없습니다. 아래의 4가지 유의사항만 참고해서서 설계사를 고른다면 어설픈 '재무설계사'보다 훨씬 재무설계 잘하는 '보험설계사'를 만날 수 있을 겁니다.

1) '재무설계사'의 환상에서 벗어나기

과장을 조금만 보태면 우리나라의 '재무설계사'는 보험설계사라는 직업에 대한 부정적인 인식과 보험설계사 스스로의 자신감 결여가 만들어 낸 직업 그 이상, 그 이하도 아닙니다.

2) GA대리점 설계사에서 상담받기

생명보험사는 보장성보험에서, 손해보험사는 저축성보험에서 상품선택의 한계가 있습니다.

3) 책의 저자나 방송에 나오는 자칭 전문가들 맹신하지 않기

실제 영업보다 외부활동을 더 많이 하는 사람들은 뜬구름 잡는 소리를 하는 경우가 많습니다. 이론은 배우더라도 상담은 주위에 아는 설계사에게 받는 게 좋습니다.

4) 보험 상품 이외의 경우 해당 전문가의 상담을 한 번 더 받기

뇌질환, 심장질환도 꼭 가입해야 하나요?

우리나라 보험시장에서 암보험만큼 많이, 그리고 잘 팔리는 보험도 없습니다. 실비보험과 더불어 보험업계의 대표 상품이라 할 수 있습니다.

> 평균수명까지 생존 시 암 발병률 30% (통계청, 2014)
> 최근 15년 사이 암 발병자 수 2배 이상 증가 (중앙암등록본부, 2014)
> 하루에 암으로 세상을 떠나는 사람 약 210명 (통계청, 2014)

위의 자료에서 볼 수 있듯이 암은 다른 중대한 질병에 비해 발병률이나 사망률이 굉장히 높습니다. 굳이 이런 자료를 보여주지 않아도 워낙 주위에서 보고 들은 게 많다보니 보험을 싫어하는 사람조차도 암보험만큼은 가입합니다.

뇌질환이나 심장질환도 암만큼은 아니지만 발병률과 사망률이 상당히 높은 질병입니다. 2014년 기준 사망원인 1위가 암, 2위가 심장질환, 3위가 뇌질환입니다. 뇌질환과 심장질환을 앓는 환자의 수는 2009년 80만 명, 83만 명에서 2013년 95만 명과 100만 명으로 해마다 꾸준히 늘어나고 있습니다. 암 못지않게 위험한 질병입니다. 하지만 사람들은 이 두 질병에 별로 관심이 없습니다. 암진단비는 5천씩 가입되어 있어도 뇌질환이나 심장질환은 1~2천이 고작입니다. 다른 담보 다 가입하고 남는 돈으로 가입합니다. 아예 가입하지 않은 사람도 있습니다. 왜 이런 일이 발생하는 걸까요?

몇 가지 이유가 있겠지만 가장 큰 이유는 걸릴 확률에 너무 집착하기 때문입니다. 암테크라는 말이 생길 정도로 암진단비는 받을 확률이 매우 높습니다. 가족력이 있는 사람들은 더더욱 그렇습니다. 하지만 한 번 생각해 봐야 합니다. 확률이 높다고 해서 꼭 많이 가입해야 할까요? 걸릴 확률이 높을수록 중요한 담보일까요? 실제로는 '확률'보다 중요하게 생각해야 하는 것이 치료하는 동안 필요한 '비용'입니다. 진단받을 확률이 높은 담보가 무조건 돈이 많이 들어가는 건 아닙니다. 진단비의 주된 목적이 생활비이기 때문에 치료기간이 길고, 후유증이 큰 질병일수록 진단비를 많이 가입해야 합니다. 그렇게 보면 뇌질환과 심장질환은 굉장히 중요한 담보입니다.

뇌질환의 경우 5년 이내 재발률이 50%에 육박합니다. 한 번 진단받은 사람은 재진단받을 확률이 일반인에 비해 9배 이상 높습니다. 암과 달리 완치라는 개념이 없어서 평생 재발의 공포 속에서 살아야 합니다. 안면마비, 언어장애, 반신불수 같은 끔찍한 후유증도 찾아옵니다. 심근경색이나 치매 같은 치명적인 질병으로 이어질 수도 있습니다. 평균입원일수도 암보다 훨씬 깁니다. 평생 퇴원을 못할 수도 있습니다. 심장질환도 마찬가지입니다. 진단받을 확률은 낮지만 초기대처가 제대로 되지 않으면 뇌질환 못지않은 심각한 위험을 초래합니다. 부정맥이나 심인성쇼크 같은 합병증은 물론이고 심할 경우 뇌손상으로까지 이어집니다. 일상으로의 복귀가 힘들 만큼 심각한 후유증을 남길 수도 있습니다. 암보다 심했으면 심했지 덜하지는 않은 질병이 뇌질환, 심장질환입니다. 가능하면 암보다 많이 가입하는 것이 좋고 최소한 비슷하게라도 가입해야 합니다.

〈설계 1〉

35세 남자	가입금액	20년납 100세 만기
암진단비	3,000만 원	51,450원
뇌졸중진단비	2,000만 원	17,900원
급성심근경색증진단비	2,000만 원	6,940원
보험료 합계		76,380원

35세 남자	가입금액	20년납 100세 만기
암진단비	2,000만 원	34,300원
뇌졸중진단비	3,000만 원	26,850원
급성심근경색증진단비	3,000만 원	10,410원
보험료 합계		71,560원

뇌질환과 심장질환 전체를 보장해 주는 뇌혈관질환진단비와 허혈성심장질환진단비가 있지만 판매하는 회사가 많지 않기 때문에 뇌졸중진단비와 급성심근경색진단비로 예를 들었습니다.

실제 설계를 보면 많은 사람들이 1번처럼 되어 있습니다. 이런 식으로 가입하고 나중에 여유가 되면 또 암보험을 가입합니다. 보험료가 비싸도 암진단비를 줄이지는 않습니다. 설계사들도 고객이 비싸다고 하면 뇌졸중이나 급성심근경색을 줄이거나 빼 버립니다. 하지만 보험료가 부담이 될 때는 3대 진단비 중에 가장 덜 중요하면서도 가장 비싼 암진단비의 가입금액을 낮춰야 합니다. 암진단비를 줄여야 보험료도 팍팍 떨어집니다. 질병 자체로만 보면 암이 굉장히 중요하지만 보험에서는 아닙니다. 뇌졸중과 급성심근경색증을 높여야 합니다. 고객들도 처음에는 의아해하지만 설명을 듣고 나면 수긍

합니다. 비슷한 보험료면 2번 설계가 훨씬 합리적인 설계입니다.

보험은 돈 놓고 돈 먹기가 아닙니다. 본전 뽑는 게 목적이 아닙니다. 보험은 말 그대로 보험입니다. 확률에 대한 집착을 버리고, 낸 돈에 대한 미련도 버리고 걸릴 확률은 조금 떨어지더라도 진단받았을 때 경제적인 손실이 더 큰 담보에 초점을 맞춰야 합니다. 보험은 확률보다는 비용입니다.

뇌질환, 심장질환. 꼭 가입해야 합니다. 그것도 아주 많이.

변액보험은 사업비 때문에 현실적으로 수익을 내기가 불가능한 것 아닌가요?

보험회사에서 취급하는 상품 중에 사업비를 차감하지 않는 보험은 없습니다. 금리형 상품은 사업비가 없다고 알고 있는 고객이 의외로 많은데 연금보험도 사업비가 있고 저축보험도 사업비가 있습니다. 성격이 다르긴 하지만 보장성 보험도 사업비가 빠집니다. 하지만 사업비 하면 보통은 변액보험을 떠올립니다. 그리고 그 사업비를 굉장히 '나쁜 놈'으로 생각합니다. 당연히 변액보험도 나쁜 상품으로 판단해 버립니다.

2, 3년 전만 해도 금리형 상품과 변액 상품은 사업비 차이가 꽤 났습니다. 저축보험 중에 사업비가 낮은 상품은 5~6%대인 상품도 있습니다. 일반적으로 10%가 넘어가진 않습니다. 이와 달리 변액 상품은 최소 10%, 많게는 20% 가까이 빠지는 상품도 있었습니다. 하지만 요즘은 별 차이가 없어졌습니다. 변액 상품도 대부분 10% 이하입니다. 그럼에도 불구하고 변액보험의 이미지는 좋지 않은 편입니다.

가끔씩 이런 질문을 받습니다. "사업비가 15% 빠지면 수익이 15% 나도 본전 아닌가요?" 그러면 반대로 제가 이렇게 질문합니다. "소득공제용 연금 상품이 사업비가 8% 정도인데 현재 그 상품의 공시이율이 3%입니다. 그러면 이 상품은 -5%짜리 상품인가요?" 고객의 질문이 맞는 말이라면 보험회사에서 판매하는 모든 금리연동형 저축보험이나 연금보험은 수십 년이 지나도 원금을 넘어갈 수가 없습니다. 오히려 시간이 지날수록 점점 돈을 까먹습니다. 하지만 실제로는 그렇지 않죠? 대부분의 상품이 10년만 지나면 원금이 넘어가고 연금 수령시기가 되면 많게는 원금의 2배, 3배까지 불어납니다. 사업비를 10%로 가정하고 20년 안에 원금까지 도달하려면 어느 정도의 수익이 나야 하는지 계산해 보겠습니다.

FV

Rate	1%/12	[icon]	= 0.000833333
Nper	240	[icon]	= 240
Pmt	-900000	[icon]	= -900000
Pv		[icon]	= 숫자
Type	1	[icon]	= 1

= 239204289.1

주기적이고 고정적인 지급액과 고정적인 이율에 의거한 투자의 미래 가치를 산출합니다.

Rate 은(는) 기간별 이자율입니다. 예를 들어, 연 이율 6%에 분기 지급 시에는 6%/4를 사용합니다.

수식 결과= ₩239,204,289

월적립액	기간	연이자율	원금
900,000원	240개월	1%	216,000,000원
이자	23,204,289원		
만기금	239,204,289원		

　월 100만 원씩 20년 납으로 가입했다고 가정하면 사업비를 10만 원 공제하고 90만 원만 실제 적립금으로 들어갑니다. 월 적립액 90만 원, 적금기간 20년, 연이율 1%로 계산한 결과입니다. 세후수령액이 100만 원씩 20년 납입했을 때의 원금인 2억 4천만 원과 거의 같습니다. 실제로는 사업비가 10년이 지나면 조금 떨어지기 때문에 세후수령액은 2억 4천만 원 이상입니다. 공시이율이 1%만 돼도, 변액 상품의 경우 연 수익률이 1%만 돼도 10%의 사업비는 충분히 충당할 수 있다는 얘기입니다. 이런 결과가 나오는 이유는 단순합니다. 사업비는 한 번 빠지지만 이자는 계속해서 붙기 때문에 그렇습니다. 100만 원을 납입하면 그것에 대한 사업비는 평생 한 번 10만 원만 빠집니다. 하지만 이자는 만기가 될 때까지 10년이든 20년이든 붙기 때문에 사업비를 차감하고도 적은 이율로 수익을 낼 수 있는 겁니다. 엄밀히 따지면 사업비에서 얘기하는 '%'와 공시이율, 수익률에서 얘기하는 '%'는 의미를 좀 다르게 해석하는 것이 맞습니다. 이것을 동일하게 보다보니 이런 오해가 생기게 되는 겁니다.

사업비가 빠진다고 하면 왠지 모르게 기분이 나쁘지만 내가 직접 운영하지 않는 이상은 무조건 내야 합니다. 장기적으로 봤을 때는 계약에 큰 데미지를 줄 만큼 '나쁜 놈'은 아니라는 겁니다. 상담을 받고 관리를 받으려면 당연히 지출해야 하는 돈입니다.

FV

Rate	10%/12		= 0.008333333
Nper	240		= 240
Pmt	-900000		= -900000
Pv			= 숫자
Type	1		= 1

= 689127218.7

주기적이고 고정적인 지급액과 고정적인 이율에 의거한 투자의 미래 가치를 산출합니다.

Type 은(는) 지급 시기를 나타내며 1은 투자 주기 초를, 0 또는 생략 시에는 투자 주기 말을 의미합니다.

수식 결과= ₩689,127,219

월적립액	기간	연이자율	원금
900,000원	240개월	10%	216,000,000원

이자	473,127,219원
만기금	689,127,219원

사업비 10%=수익률 10%라는 틀도 깨야 합니다.

- 사업비 10%+수익률 10%=0이 아닙니다. 무려 473,127,219원입니다.

3.

사회초년생의 궁금증

어떤 설계사에게 상담받아야 하나요?

설계사를 소속에 따라 구분할 때 크게 두 분류로 나눌 수 있습니다.

1) 특정보험사에 속해 있는 설계사(전속설계사)
2) 여러 보험사를 취급하는 설계사(법인대리점)

설계사를 선택할 때 가장 먼저 봐야 할 부분은 설계사가 한 회사에 속해 있는지 아니면 여러 회사를 취급하는 회사에 속해 있는지입니다. 특정회사에 소속되어 있는 설계사는 자기 회사의 상품만으로 설계하고 판매할 수밖에 없기 때문에 고객에게 최적화된 상품을 설계한다는 것이 애초에 불가능합니다. 한 회사에만 소속되어 있는 설계사보다는 여러 회사를 동시에 취급하는 설계사를 만나서 상담받아야 객관적이고 폭 넓은 상담을 받을 수 있습니다. 다만 여러 회사의 상품을 판매할 수 있다는 장점을 악용해서 수당이 높은 상품만 골라 판매하는 설계사가 있을 수 있기 때문에 어느 정도 주의할 필요는 있습니다.

언젠가 TV에서 보험을 분석해 주는 프로그램을 본 적이 있습니다. 처음엔 몰랐지만 나중에 알고 보니 방송에 출연한 설계사들 모두가 특정 보험사에 소속된 설계사였습니다. 물론 그들은 고객의 입장에서 최선의 상담을 했을 겁니다. 하지만 그들을 통해서는 제대로 된 상담이 이뤄질 수가 없습니다. 아무리 실력이 있어도 안 되는 건 안 되는 겁니다.

　　○○화재 이경제 / ○○생명 이경제 / ○○법인대리점 이경제

　　누구에게 상담 받으시겠습니까?

보험회사는 어떤 기준으로 선택해야 하나요?

보험사는 크게 생명보험사와 손해보험사로 나뉘어집니다. S생명, N생명처럼 회사 이름 뒤에 생명이 붙은 회사는 생명보험사, D화재, H해상, K손해보험처럼 회사 이름 뒤에 생명 외의 단어가 붙은 회사는 손해보험사입니다.

- 생명보험사 → 사망담보
- 손해보험사 → 생존담보(사고, 질병), 사망담보

암보험을 가입하려고 한다면 생명보험사의 상품은 애초에 상담받을 이유가 없습니다. 사고, 질병에 대한 보상은 생명보험사보다 손해보험사가 훨씬 폭 넓고 저렴합니다. 사망담보의 경우 두 보험업계의 보장내용이 거의 비슷하지만 손해보험사의 경우 생명보험사와 다르게 자살, 출산, 전쟁, 혁명, 내란, 폭동, 위험한 취미생활 등으로 사망하게 되면 사망보험금이 지급되지 않습니다. 대신 보험료가 더 저렴하기 때문에 보장범위와 보험료 두 가지를 고려해서 본인의 성향에 맞는 회사를 선택하면 됩니다.

두 줄밖에 안 되지만 보험 가입의 기본이 되는 매우 중요한 내용입니다. 다른 건 몰라도 이건 꼭 기억하셔야 합니다. 이 법칙만 지키면 절반은 성공한 겁니다.

부모님께 보험을 물려받았습니다. 분석 좀 해 주세요

보험을 분석해 달라는 질문을 꽤 많이 받습니다. 그럴 때마다 저는 일일이 분석해 주는 것이 아니라 본인이 직접 자신의 보험을 평가하고 분석할 수 있도록 증권 분석하는 '방법'을 알려드립니다. 여러분들도 아래 내용을 제대로만 이해한다면 본인 보험은 물론이고 가족이나 친척들의 보험도 혼자서 충분히 분석할 수 있습니다.

보험금의 용도는 3가지로 분류합니다.

1) 병원비
2) 생활비
3) 위로금

실손의료비 항목은 총 9가지이고 무조건 갱신형입니다. 1번에서 언급한 병원비는 실손 의료비만 있으면 대부분 해결됩니다. 정말 기본적이고 당연한 내용이지만 많은 분들이 모르고 있습니다. 모든 회사의 보상한도나 기준이 동일하기 때문에 가입여부만 확인하면 됩니다(자기부담금이 최대 20%이지만 200만 원 초과금액은 보험사에서 보상합니다. 쉽게 말해서 200만 원만 있으면 병원비는 다 해결됩니다).

가입담보	가입금액	보험료(원)	납기/만기
갱신형 상해입원의료비	5천만원	1,363	1년 / 1년 갱신종료 : 15년
갱신형 상해통원의료비[외래]	25만원	364	1년 / 1년 갱신종료 : 15년
갱신형 상해통원의료비[처방조제]	5만원	5	1년 / 1년 갱신종료 : 15년
갱신형 질병입원의료비	5천만원	3,530	1년 / 1년 갱신종료 : 15년
갱신형 질병통원의료비[외래]	25만원	1,928	1년 / 1년 갱신종료 : 15년
갱신형 질병통원의료비[처방조제]	5만원	276	1년 / 1년 갱신종료 : 15년
갱신형 도수치료·체외충격파치료·증식치료	3백50만원	1,305	1년 / 1년 갱신종료 : 15년
갱신형 비급여주사료	2백50만원	496	1년 / 1년 갱신종료 : 15년
갱신형 비급여자기공명영상진단(MRI/MRA)	3백만원	1,286	1년 / 1년 갱신종료 : 15년
자동갱신특약			
표준화실손의료비보장안정화			
보장 합계보험료			10,553 원

실손의료비를 제외한 나머지 항목은 생활비 아니면 위로금의 용도로 사용합니다. 가입한 수많은 담보 중 위의 9가지 외에는 병원비와는 아무 상관없는 담보입니다. 생활비 용도로 쓸 항목들은 필수지만 위로금으로 나오는 담보들은 말 그대로 위로금일 뿐 있어도 그만 없어도 그만입니다. 생활비 담보와 위로금 담보는 보장금액을 보면 대부분 판단이 됩니다. 10~20만 원을 생활비 용도로 가입하는 건 아니기 때문에 보장금액이 100만 원 이하인 담보들은 대부분 위로금 담보라고 생각하시면 됩니다.

대표적인 생활비 담보는 사망, 3대진단비(암, 뇌질환, 심장질환), 각막이식수술비, 조혈모세포이식수술비, 5대장기이식수술비 같은 보장금액 1,000만 원 이상인 담보들입니다. 설계내용을 보면서 구체적으로 설명드리겠습니다.

담보명	납입기간/만기	보장금액	보험료
상해사망	20년/60세	1억 원	3,800원
질병사망	20년/60세	1억 원	21,400원

먼저 사망담보입니다. 사망담보는 만기와 가입금액을 확인해야 합니다. 일반적으로 만기는 60~70세 사이, 가입금액은 1억 이상 설계가 되어 있어야 합니다. 만기가 70세 이상으로 설정되어 있다면 그 담보는 상속의 용도로 봐야 하기 때문에 가능하면 삭제하는 것이 좋습니다.

담보명	납입기간/만기	보장금액	보험료
암진단비	20년/100세	5천만 원	50,550원
급성심근경색증진단비	20년/100세	3천만 원	6,420원
뇌졸중진단비	20년/100세	3천만 원	21,180원

3대진단비는 최소 1년 생활비, 여유가 된다면 거기에 2천 정도를 더해 가입합니다. 진단비 가입금액과 본인의 수입을 비교해 부족하거나 넘치는 것을 조정합니다.

담보명	납입기간/만기	보장금액	보험료
각막이식수술비	20년/80세	1천만 원	24원
조혈모세포이식수술비	20년/80세	2천만 원	120원
5대장기이식수술비	20년/80세	2천만 원	192원

　보장금액이 1,000만 원이 넘고 보험료가 1,000원 이하인 항목은 무조건 유지하면 됩니다. 나중에 다른 보험을 가입할 일이 있다면 이런 담보들은 추가하는 게 좋습니다.

담보명	납입기간/만기	보장금액	보험료
상해수술비	20년/100세	50만 원	2,690원
질병수술비	20년/100세	50만 원	4,700원

　위로금 담보는 보장 금액이 적게는 몇 만 원에서 많게는 몇 십만 원 정도입니다. 질병, 상해 수술비, 30대 질병 수술비, 암 수술비, 암 입원비, 상해, 질병 입원일당, 골절, 화상진단비 같은 담보가 대표적인 위로금 담보입니다. 실손의료비에서 상해로 수술을 하든 질병으로 수술을 하든 수술비가 나오기 때문에 표에 있는 상해수술비 50만 원, 질병수술비 20만 원은 수술비로 쓰는 게 아닙니다. 실손의료비에서 수술비를 받고 추가로 저 금액을 받는 겁니다. 가입하지 않

는다고 해도 아무런 문제가 없는 담보입니다. 가입한 보험에 위로 금 담보가 있다면 삭제해도 상관없습니다.

30세 직장인입니다.
은퇴 후 월 100만 원 정도의 연금을 받으려면 얼마를 가입해야 하나요?

연금수령액을 책정할 때 놓치기 쉬운 부분이 '돈의 가치'입니다. 지금의 가치로 100만 원을 받고 싶은 건지 그냥 100만 원이라는 현금을 받고 싶은 건지를 명확히 해야 합니다. 대부분은 현재의 가치를 기준으로 본인이 받고 싶은 연금액을 말할 겁니다. 하지만 가입설계서에 나오는 예상연금수령액을 볼 때는 '돈의 가치'를 미처 생각하지 못하고 넘어가는 경우가 많습니다. 가입설계서에 연금 수령액이 월 100만 원으로 나와 있다고 해서 괜찮다고 생각하면 큰 오산입니다. 30세가 연금을 가입하면 보통 연금수령시기를 60세에서 70세 사이로 설정합니다. 당연한 얘기지만 30년 후에는 물가가 지금보다 훨씬 높기 때문에 100만 원을 받아서는 내가 원하는 노후생활을 할 수가 없습니다.

미래에 물가가 얼마나 올라갈지는 '72의 법칙'을 활용하면 간편하게 계산할 수 있습니다. 원래 '72의 법칙'은 자산이 두 배로 늘어나는 데 걸리는 기간을 구하는 계산법입니다. 72를 수익률로 나눴을 때

나오는 결과가 그 기간인데 예를 들어 수익률이 4%인 상품을 가입했다면 원금의 두 배가 되는데 걸리는 기간은 72/4=18년입니다. 물가도 동일한 방식으로 해 보면 물가상승률을 3%로 가정했을 때 물가가 두 배가 되는 시기는 72/3=24년 후입니다. 3.5%로 계산했을 때는 20년, 4%일 때는 18년 뒤에 물가는 두 배가 됩니다. 3.5%를 기준으로 30세에 가입을 하고 70세부터 연금을 받는다면 물가가 대략 네 배 정도 늘어나기 때문에 물가상승을 고려하면 매월 400만 원은 받아야 한다는 계산이 나옵니다.

숨이 턱 막히는 금액이지 않습니까? 좀 더 잔인하게 계산해 보면 70세부터 100세까지 연금을 받는다고 가정했을 때 노후자금으로 필요한 총 금액은 400만*360개월=14억 4천만 원입니다(계산하기 쉽게 연금수령 후의 물가상승률과 투자수익률은 동일하다고 가정). 직장생활을 하면서 다른 목적자금은 별도로 하고 오직 노후자금으로만 40년 안에 14억 4천만 원을 모아야 한다는 얘기입니다. 말이 14억 4천이지 실로 엄청난 금액입니다. 노후자금으로 10억 이상 필요하다고 하는 게 그냥 나오는 말이 아닙니다. 그러면 이 금액 받기 위해서 매달 얼마씩 모아야 할까요?

연금액에 영향을 주는 주된 변수는 월납입금액, 납입기간, 수익률 세 가지입니다. 세 가지 변수 중 월납입금액과 납입기간은 고객의 재무 상태와 관계가 있고 수익률은 상품의 종류와 관계가 있습니다. 여기서는 납입기간을 10년과 20년 두 가지로 설정하고 수익률에 따른 월납입금액을 확인해 볼 텐데 그 전에 계산과정도 볼 겸 가장 흔하게 접할 수 있는 금리형 연금보험 이율을 기준으로 10년 납했을 때의 월 납입금액을 계산해 보겠습니다.

(2018년 6월 기준 공시이율이 2% 중반대지만 사업비와 이율하락을 생각하면 실제 적용이율은 2% 이하입니다. 여기서는 2%로 계산하겠습니다.)

예치금액	기간	연이자율	원금
6,000,000원	120개월	2%	720,000,000원

이자	77,645,159원
만기금	797,645,159원

Rate	2%/12	▦	= 0.001666667
Nper	360	▦	= 360
Pmt		▦	= 숫자
Pv	-797645159	▦	= -797645159
Type	1	▦	= 1

= 1452678526

주기적이고 고정적인 지급액과 고정적인 이율에 의거한 투자의 미래 가치를 산출합니다.

Type 은(는) 지급 시기를 나타내며 1은 투자 주기 초를, 0 또는 생략 시에는 투자 주기 말을 의미합니다.

수식 결과= ₩1,452,678,526

예치금액	기간	연이자율	원금
797,645,159원	360개월	2%	797,645,159원

이자	655,033,367원
만기금	1,452,678,526원

　　10년간 납입 30년간 거치했을 때의 결과입니다. 만약 연금보험 기준으로 위의 질문에 답변한다면, 월 100만 원의 연금을 받기 위해서는 월 600만 원 정도를 연금에 가입해야 합니다. 14억 4천만 원보다 더 충격적인 결과입니다. 매월 연금으로 600만 원을 낼 수 있는 사람이 누가 있겠습니까. 설령 있다 치더라도 그 사람은 연금이 없이도 잘 살 사람입니다. 당장 60만 원도 내기 힘든 것이 우리의 사정입니다. 당연한 얘기지만 60만 원 가입했다면 매월 10만 원 받는 겁

니다. 공시이율이 5% 이상이었을 때는 이 상품이 어느 정도 의미가 있었습니다. 하지만 지금은 그런 시대가 아닙니다. 노후자금은 안정성이니 원금보장이니 하는 말을 할 때가 아닙니다. 60만 원씩 10년 납입하면 원금이 7,200만 원입니다. 당장에는 큰 돈 같지만 노후자금으로 쓰기에는 턱없이 부족한 돈입니다. 현재 물가로도 3~4년 쓰고 나면 없어질 돈입니다. 원금 까먹는 게 두려워서 아직도 금리형 연금이나 종신보험으로 연금을 준비하고 있다면 다시 한 번 생각해봐야 합니다.

목표금액 14억4천만 원	월납입금액	
	10년납 30년거치시	20년납 20년거치시
3%	420만 원	240만 원
5%	207만 원	130만 원
8%	72만 원	50만 원
10%	35만 원	26만 원

납입기간과 수익률에 따른 월납입금액 결과입니다. 표를 보면 알겠지만 보통 직장인들의 납입여력을 고려하면,

1) 수익률 8% 월 50만 원 20년납

2) 수익률 10% 월 35만 원 10년납

3) 수익률 10% 월 26만 원 20년납

위의 세 가지 경우(색칠한 부분)를 제외하고는 목표금액에 도달하는 것이 거의 불가능합니다. 저의 지식인 답변이나 블로그 글에 변액연금이나 변액유니버셜에 대한 언급이 많은 이유가 여기에 있습니다. 지금은 대부분 조정이 됐지만 몇 년 전까지만 해도 변액상품의 연금예시표에 수익률 8%까지는 제시하는 것이 허용이 됐습니다. 그것이 수익률을 보증하는 것은 아니지만 금리형 연금처럼 아예 불가능한 것 또한 아니라는 얘기입니다.

확정금리 상품을 가입하지 않는 이상 이 질문에 대한 답을 딱 부러지게 얼마라고 말하긴 어렵습니다. 어쩌면 제가 드릴 수 있는 최선의 답변이 위의 표입니다. 더 혼란스러울 수도 있겠지만 이게 현실적인 답변입니다. '연금은 이 상품 하나면 된다', '수입의 00%가 연금으로 적당하다' 같은 확실해 보이지만 전혀 현실성 없는 소리에 현혹되지 말고 이 표를 가이드로 삼아서 본인의 투자성향과 재무상태에 맞게 연금 상품과 그에 따른 연금액을 결정하기 바랍니다.

변액연금 선택 tip

연금 상품으로 8% 이상의 수익을 내려면 변액연금을 선택할 수밖에 없습니다. 하지만 변액 연금이라고 해서 무조건 수익을 많이 낼 수 있는 건 아닙니다. 금리형 상품보다 높은 수익을 내기 위해서는 몇 가지 고려해야 할 사항이 있습니다.

1) 주식형 펀드의 투입비율을 높게 설정할 수 있는 상품을 선택한다.
원금보증형의 경우 70%, 미보증형의 경우 100%까지 주식형 펀드를 투입할 수 있는 상품을 선택해야 합니다. 채권형 펀드를 의무적으로 일정 비율 이상 투입해야 하는 상품이 많은데 채권형 펀드가 30% 이상 들어가면 8% 이상 수익을 내기가 어려워집니다.

주식형 펀드의 투입비율이 높다고 해서 무조건 위험한 건 아닙니다.

■ 보유종목   단위 : 억원, %

⦿ 주식 ◯ 채권

종목명	종류	시가평가액
삼성전자	KSE	263.76
SK하이닉스	KSE	62.75
삼성전자우	KSE	60.33
LG화학	KSE	45.51
고려아연	KSE	34.15
SK텔레콤	KSE	28.30
POSCO	KSE	26.80
KB금융	KSE	25.95
하나금융지주	KSE	24.90
SK이노베이션	KSE	24.64

한 생명보험사의 주식형 펀드에 들어 있는 주식종목입니다. 주식을 전혀 모르는 사람이 봐도 다 알 수 있는 회사들입니다. 국내 주식형 펀드의 경우 어느 회사의 어떤 상품을 선택하더라도 위의 표와 거의 비슷합니다. 주식형 펀드를 100%로 설정하더라도 투입비율만 공격적이지 주식종목은 매우 보수적입니다. 생각하는 것만큼 위험하지는 않다는 겁니다.

2) 가능하면 원금미보증형 상품을 선택한다.

연금은 초장기 상품이기 때문에 다른 금융상품에 비해 원금손실 위험이 높지 않습니다. 원금이 보장되는 상품을 선택하면 채권형 펀드를 적게는 30%, 많게는 70%까지 넣어야 하기 때문에 금리형 상품과 별로 차이가 없어집니다. 그래도 원금이 걱정된다면 원금미보증형 상품을 선택하고 나서 채권형 펀드의 비율을 높이면 원금보증형 상품과 비슷한 효과를 낼 수 있습니다. 펀드변경을 통해서도 원금보장을 할 수 있습니다. 굳이 처음부터 강제로 채권형 펀드를 넣을 수 밖에 없는 상품을 선택할 필요는 없습니다.

3) 사업비와 추가납입 한도를 비교한다.

사업비는 10% 이하, 추가납입은 기본보험료의 2배까지 자동이체로 납입 가능한 상품을 선택하면 됩니다. 추가납입 시 매달 콜센터에 요청해서 가상계좌로 입금을 해야 하는 상품이 있는데 그건 추가납입 기능이 있어도 없는 겁니다. 현실적으로 추가납입이 불가능합니다.

단, 사업비와 추가납입 한도는 1, 2번 조건이 충족된 상품 중에서 비교해야 합니다. 사업비가 높고 추가납입이 많이 안 된다고 하더라도 주식형 펀드의 투입비율이 높은 상품이 우선입니다.

노후준비는 일찍 할수록 좋다고 하는데 실제로 어느 정도 효과가 있나요?

연금 상담을 위해 고객을 만나면 가끔씩 농담 반, 진담 반으로 하는 말이 있습니다.

'우리나라 사람들의 90% 이상은 비참한 노후를 맞이할 겁니다'

노후준비에 대한 심각성을 인지하고 미리 준비하는 분들도 있지만 대부분은 관심이 없거나 알면서도 외면하고 있는 것이 지금의 현실입니다. 노후파산이니 하류노인이니 하는 단어가 심심찮게 나오고 다큐멘터리나 뉴스에서는 준비되지 않은 노후의 심각성에 대해 종종 경고를 하지만 사람들의 마음을 움직이기에는 턱없이 부족한 것 같습니다. 여전히 노후를 준비하지 않는 사람이 절반이 넘습니다.

오래전에 「그것이 알고 싶다」 '노후준비' 편에서 56세 여성분이 노후에 관해 한 말이 굉장히 인상적이었습니다.

"내 앞에 와 있는데 너무 낯선거야. 이게 뭐야, 도대체 언제 이런 단어가 만들어진 거야."

또 젊은 부부들에게 하고 싶은 말이 있다고 하면서,

"노후대책이라는 불을 켜 놓고 그것만 봐라. 내가 저 불을 갖기 위해서는 노후대책을 위해서 젊어서 일을 해야 한다. 그때는 그때야말로 누구의 엄마도 아닌 누구의 아내도 아닌 나를 위해서, 자녀를 위해서가 아닌 늙은 초라하고 누추한 내가 아니라 그래도 먹고 싶은 거는 사 먹을 수 있을 정도의 노인네가 되어야 되지 않겠느냐.

그게 지금은 뼈아프게 느껴지지 못할 거예요.
그런데 그건 반드시 오는 거거든. 반드시 오는 거예요.
그런데 난 이렇게 도적처럼 빨리 찾아올 줄 몰랐어.
나 이렇게 빨리 노후라는 것이 이렇게 빨리 찾아올 줄 몰랐어요."

'노후준비', '은퇴설계' 같은 말이 화두가 되기 시작한 건 그리 오래되지 않았습니다. 지금이야 흔하게 들을 수 있지만 한 세대만 거슬러 올라가도 위에 언급한 아주머니 말처럼 굉장히 낯선 단어였을 겁니다. 그 윗 세대는 말할 것도 없구요. 상황이 이렇다보니 노후에 대한 준비가 전혀 안 된 상태로 은퇴한 사람이 태반이고 준비했다 하더라도 남은 노후를 보내기엔 턱없이 부족한 것이 대한민국 노후

준비의 현주소입니다. 전 세계적으로도 봐도 65세 이상 노인빈곤율과 빈곤율 상승속도가 OECD 국가 중 독보적 1위입니다(2011년 기준 65세 이상 노인빈곤율 OECD 평균 12.4% 한국 48.6%). 준비 없는 노후는 이제 개인의 문제를 넘어 국가의 문제로 번져 가고 있습니다.

사실 지금의 70대 후반, 80대 이상 분들은 노후준비가 필요 없는 세대였습니다. 노후준비라는 말 자체가 익숙하지 않은 세대입니다. 표를 보면서 좀 더 자세히 설명드리겠습니다.

경제활동시기	노후	
30세	65세	80세

이 세대는 30세 이전에 경제활동을 시작하고 대부분 60세, 혹은 그 이상까지 경제활동을 했습니다. 농사를 지었다면 50대 후반이나 60대 초반까지 일을 했고 직장생활을 했다면 정년까지는 큰 문제없이 돈을 벌 수 있었습니다. 평균수명도 80세 전후이기 때문에 노후를 준비하는 것이 그리 어렵지 않았을 겁니다. 설령 준비가 안 되어 있다 하더라도 자녀가 많고 지금과는 달리 부모를 부양하는 것이 당연시되었기 때문에 대부분 자녀들이 노후를 책임졌습니다.

문제는 그 다음 세대입니다. 흔히 말하는 베이비붐 세대입니다.

경제활동시기	노후	
30세	55세	100세

이들이 경제활동을 시작할 당시에는 노후에 대한 인식이 부모 세대와 별 차이가 없었습니다. 동일하게 '노후'라는 말을 잘 접해 보지 못했을 겁니다. 큰 문제만 없다면 물 흐르듯이 65세까지 일하고 80세까지 노후를 즐기다 생을 마감하면 됐습니다. 하지만 이들에게 예상치 못했던 상황이 몇 가지 발생했습니다. 그 첫 번째가 바로 IMF입니다. 나라 전체가 경제적 위기를 맞다보니 기업은 당연히 몸집을 줄일 수밖에 없고 명예퇴직이라는 이름하에 '강퇴' 당하는 사람이 생겨나기 시작했습니다. 간신히 IMF를 이겨 냈다 하더라도 55세를 넘기기가 힘들어졌습니다. 경력과 나이만으로 버틸 수 있는 시대가 지나가고 무한경쟁의 시대가 찾아온 겁니다. 이제는 정년퇴직이라는 것이 공무원에게만 해당되는 단어라는 것을 대부분의 사람들이 인지하고 있습니다. 한창 돈을 벌어야 할 나이에, 자녀가 대학을 들어가거나 결혼을 해야 하는 생애 최대지출 시기에 경제활동에 큰 문제가 생긴 겁니다.

엎친 데 덮친 격으로, 원래는 기뻐해야 하는 것이 정상이지만, 평균수명이 증가하면서 준비해야 하는 노후기간이 윗 세대보다 훨씬 길어졌습니다. 위의 표에서 볼 수 있듯이 35년 번 돈으로 15년만 쓰면 되는 시대에서 25년 번 돈으로 45년 써야 하는 시대가 온 겁니다. 이제 55세는 지하철에서 자리양보도 못 받는 나이가 되어 버렸습니다. 2년에 1세씩 평균수명이 늘어난다고 하니 100세 시대라는 말도 조만간 110세 시대, 120세 시대로 바꿔야 할 판입니다. 장수가 무조건 축복인 세대는 끝이 났습니다.

자녀 양육비의 과다지출도 이들의 노후를 위협하는 큰 장애물이 되었습니다. 보건복지부가 2012년 조사한 결과에 따르면 자녀 한 명당 양육비가 월평균 119만 원, 대학졸업까지는 3억 정도라고 하니 노후준비는커녕 현상유지도 힘든 것이 베이비붐 세대의 현실입니다.

이렇게 많은 돈을 들여 양육했다고 해서 자녀들이 부모의 노후를 책임져 주는 것도 아닙니다. 부모 부양에 대한 인식 변화도 있겠지만 N포세대니 88만 원 세대니 하는 마당에 스스로 독립하기조차 힘든 것이 지금의 젊은 세대입니다. 오히려 노후자금으로 자녀를 부양하는 희한한 현상이 발생하는 지경에까지 이르렀습니다. 결국 여

러 변화에 이리저리 끌려다니다 아무 대책 없이 노후를 맞이하게
되고 그 결과로 인해 노후준비 전 세계 꼴지라는 불명예를 얻게 된
겁니다.

그러면 앞으로 노후를 준비해야 할 젊은 세대들의 상황은 어떨까요?

경제활동시기	노후	
30세	60세	120세

  이들은 어쩌면 부모 세대보다 더 큰 변화를 맞이하게 될지도 모릅
니다. 경제활동 시기를 정하는 것부터가 쉽지 않습니다. 지금의 상
황을 반영해 대략 60세라고 정해놨지만 어떻게 될지 아무도 모릅니
다. 평균수명을 정하는 건 더더욱 어렵습니다. 표에서처럼 120세라
고 하면 말도 안 된다고 생각하겠지만 110세 만기 상품이 나온 지가
벌써 5년이 다 되어 갑니다. 그렇게까지 오래 살고 싶은 생각은 없
다고, 돈 있고 건강할 때까지만 살고 싶다고 하지만 정작 본인의 의
사는 수명에 어떤 영향도 줄 수 없습니다. 살고 싶지 않아도 살아야
합니다. 정년퇴직 후에도 노후를 바로 즐기지 못하고 제2의 직장을
가지거나 아르바이트를 하는 것이 당연시될 수도 있습니다. 경제활
동 시기나 평균수명 외에도 여러 사회구조적 문제나 건강, 자녀 문

제 등등 어떤 요인이 이들의 노후를 가로막을지 모릅니다. 정확히 규정할 수 있는 것이 많지 않은 너무나 불안정한 세대입니다. 표만 봐서는 30년 번 돈으로 60년을 써야 하기 때문에 윗 세대보다 더 절망적인 세대가 될 수도 있습니다.

하지만 이 절망적인 세대에게 세상이 준 선물이 딱 하나 있습니다. 바로 노후를 준비할 수 있는 '시간'입니다. 제가 여기서 굳이 말하지 않아도 노후를 준비해야 된다는 사실은 이미 다 알고 있습니다. 부모 세대는 몰라서 못한 경우도 많지만 젊은 세대는 그럴 일이 전혀 없습니다. 짧게는 30년, 길게는 40년의 준비기간이 이들에게 주어졌습니다. 의지만 있다면 준비할 수 있는 시간은 충분합니다. 부모세대처럼 절망적이지만은 않다는 겁니다. 노후 준비가 가능한 세대입니다. 이 기회를 걷어찬다면 노후에 피눈물 흘릴지도 모릅니다.

서론이 길었습니다. 구구절절 써 놨지만 한마디로 빨리 준비하라는 겁니다. 그러면 이제 실질적으로 일찍 준비하는 것이 어느 정도의 효과가 있는지 살펴보겠습니다.

〈20년납 / 수익률 5% / 물가상승률 3% / 70세부터 20년간 매월 100만 원 수령 시〉			
나이	필요자금	월납입금액	총납입금액
20세	11억474만 원	62만 원	1억4,880만 원
25세	9억5,296만 원	68만 원	1억6,320만 원
30세	8억2,203만 원	75만 원	1억8000만 원
35세	7억909만 원	83만 원	1억9,920만 원
40세	6억1,167만 원	91만 원	2억1,840원
45세	5억2,763만 원	100만 원	2억4,000만 원
50세	4억5,514만 원	110만 원	2억6,400만 원

〈20년납 / 수익률 8% / 물가상승률 3% / 70세부터 20년간 매월 100만 원 수령 시〉			
나이	필요자금	월납입금액	총납입금액
20세	11억474만 원	19만 원	4,560만 원
25세	9억5,296만 원	23만 원	5,520만 원
30세	8억2,203만 원	30만 원	7,200만 원
35세	7억909만 원	38만 원	9,120만 원
40세	6억1,167만 원	48만 원	1억1520만 원
45세	5억2,763만 원	61만 원	1억4,640만 원
50세	4억5,514만 원	77만 원	1억8,480만 원

우체국이나 은행에 가면 이런 표를 종종 보셨을 겁니다. 70세부터
90세까지 현재가치로 매월 100만 원을 받기 위해 얼마를 납입해야

하는지를 계산한 표입니다. 수익률 5%의 표를 먼저 보여드린 이유는 앞의 질문에서도 언급했듯이 이 정도 수익률로는 노후를 준비하기가 힘들다는 것을 한 번 더 보여드리기 위해서입니다. 20세부터 연금으로만 60만 원 이상을 지출하는 것은 사실상 불가능합니다. 그 이상의 나이 대는 말할 것도 없습니다.

수익률이 8% 정도는 돼야 현실성 있는 금액이 나옵니다. 표를 보면 20세와 35세의 납입금액이 딱 2배 차이가 납니다. 19만 원 차이라 액수만 보면 그리 큰 차이가 아니지만 20세가 38만 원씩 납입한다면 연금 수령액은 2배가 됩니다. 같은 돈을 내고도 35세에 가입한 사람은 매월 100만 원씩 받게 되고 20세에 가입한 사람은 200만 원씩 받게 되는 겁니다. 나이가 올라갈수록 차이는 점점 커집니다. 50세가 되면 77만 원이라는 금액도 부담이지만 연금 외의 지출도 폭발하는 시기이기 때문에 현실적으로 노후를 준비하는 것이 어렵습니다. 대단한 부자가 아닌 이상은 40대 정도가 노후를 충분히 준비할 수 있는 마지노선입니다. 눈 딱 감고 대학생 때 시작하면 19만 원으로 해결할 수 있지만 취업하면 해야지, 결혼하면 해야지, 안정되면 해야지 하다보면 납입해야 할 금액은 걷잡을 수 없이 불어납니다. 다시 한 번 강조하지만 이 어려운 시기에 세상이 준 유일한 선물이 시간입니다. 그 선물이 우리의 희망입니다. 고민하고 미루다보면 그 선물은 하늘로 날아가 버립니다. 오래 전 베스트셀러였던『가시고기』라는 책에 보면 이런 내용이 나옵니다.

'돈이 행복을 가져다 줄 수는 없어도 얼마든지 불행의 구렁텅이로 빠뜨릴 능력은 갖고 있다'

백혈병에 걸린 아들의 병원비를 위해 집도 팔고 불법으로 각막까지 판 아버지가 한 말입니다. 물론 돈이 인생의 전부는 아닙니다. 돈이 꼭 행복한 노후를 보장하는 것도 아닙니다. 하지만 준비하지 않고 맞이한 노후에 대한 책임은 자기가 져야 합니다. 누구도 대신해 주지 않습니다. 그때는 어떤 핑계나 후회도 소용없습니다. 지금부터라도 '노후 대책이라는 불'을 켜놓고 '시간'이라는 선물을 활용해서 불행한 노후의 구렁텅이에 빠지지 않도록 대비해야 합니다. 그래서 더 이상은 '우리나라 사람들의 90% 이상은 비참한 노후를 맞이할 겁니다'라는 말을 하지 않아도 되는 날이 오길 기대합니다.

4.

설계사의 속임수

3% 확정금리 저축?

죽고 나면 자녀에게 뭐라도 물려줘야 한다는 인식이 조금씩 사라지면서 종신보험은 설 자리를 잃어가고 있습니다. 요즘은 죽고 나서 보장받는 것보다는 살아 있을 때 보장받는 것을 원하는 고객이 훨씬 많습니다. 종신보험은 원하지 않는다는 얘기입니다. 하지만 생명보험사는 메인상품인 종신보험을 팔지 않을 수 없습니다. 90년대 후반부터 2000년대 초반까지만 해도 회사는 종신보험의 본질을 어필해 가며 고객을 설득했습니다. 가장의 책임, 가족 사랑을 외치며 종신보험을 판매했습니다. 하지만 시간이 지날수록 종신보험의 의미는 변질되어갔고 최근에는 노골적으로 본래의 목적을 숨기고 고객을 기만하고 있습니다.

"최근에 나 확정금리 2.8%짜리 연금 가입했어."
"저축보험 하나 가입했는데 금리가 아무리 떨어져도 3%는 무조건 보장해 준대."

이런 말을 하는 사람들의 대부분은 종신보험을 저축보험이나 연금보험으로 잘못 알고 가입한 사람들입니다. 사실 잘못 알고 가입했다기보다는 속고 가입한거죠. 2000년대 중반에도 지금과 비슷한 마케팅을 하긴 했지만 이 정도까지는 아니었습니다. 연금전환기능이나 중도인출기능을 언급하며 연금이나 적금으로 활용할 수 있다고 하긴 했지만 그래도 메인은 사망보험금이었습니다. 사망보장을 받다가 필요가 없어지면 연금이나 적금으로 쓰라는 거지 지금처럼 대놓고 적금이라고 속이지는 않았습니다. 지금은 종신보험이 '확정금리적금', '고정금리연금'이라는 탈을 쓰고 고객에게 판매되고 있습니다. 사망보험금이 들어 있는지도 모르고 가입한 사람들이 태반입니다.

민원사례 2	연금보험 가입을 원하는 고객에게 종신보험을 가입하게 함
내 용	• A고객은 노후자금 마련을 위해 연금보험을 가입하기를 원하였는데 보험설계사 B로부터 종신보험 가입을 권유 받음. • 보험설계사 B는 종신보험의 연금전환 기능과 최저보증이율만을 부각하여 설명, 연금보험대신 종신보험을 가입함. • A고객은 종신보험이 사망보장을 목적으로 하는 보장성보험으로 위험보험료가 납입보험료의 상당부분을 차지한다는 것을 뒤늦게 알게되어 민원을 제기함.
유 의 사 항	종신보험은 저축성 상품이 아닌 보장성 상품입니다. 종신보험은 일정기간 이후 연금으로 전환할 수 있으나, 연금보험과 달리 위험보험료와 사업비 등의 차감 비율이 높아 지급받는 연금액이 작을 수 있습니다. 가입 전 상품내용을 충분히 확인하시기 바랍니다.

종신보험 약관입니다. 주요민원사례부분에 정확하게 나와 있습니다. 민원이 많아지다 보니 고객이 청약서를 작성할 때 '이 상품은 보장성 상품이며 예금, 적금 등과 다른 상품이다'라는 문구도 반드시 따라 적게 만들어 놨습니다. 그럼에도 불구하고 이런 사례들은 전혀 줄어들지 않고 있습니다. 금리가 많이 떨어지면서 간혹 종신

보험의 해지환급금이 저축보험의 만기환급금보다 높은 경우도 있습니다. 보장성보험의 해지환급금은 고정이지만 저축성보험의 만기환급금은 변동이기 때문에 추가납입을 활용하면 20년 이상 유지 시 종신보험을 가입하는 것이 더 유리할 수도 있습니다. 하지만 앞뒤 다 자르고 무작정 고정금리 적금상품이라고 설명하고 판매하는 건 명백한 불법입니다.

경과기간	나이(세)	납입보험료	우대적립누계액	기본보험금액		가산보험금액 (공시이율 가정시)	최저보증이율 가정시 (2.75%를 적용하여 산출한 해지환급금으로 최저보증)		2017년 10월 현재 공시이율(2.65%) 가정		연장정기
				최저보증이율 가정 (2.75%를 적용하여 산출한 해지환급금으로 최저보증)	현재 공시이율 (2.65%)가정		해지환급금(A)	환급률	해지환급금(B)	환급률	
3개월	30	30	0	5,200	5,200	0	0	1.0%	0	1.0%	
6개월	30	60	0	5,200	5,200	0	0	1.0%	0	1.0%	
9개월	30	91	0	5,200	5,200	0	0	1.0%	0	1.0%	
1년	31	121	1	5,200	5,200	0	1	1.0%	1	1.0%	
2년	32	243	2	5,200	5,200	0	82	33.9%	82	33.9%	
3년	33	365	3	5,200	5,200	0	197	53.9%	197	53.9%	26년
4년	34	487	5	5,200	5,200	0	313	64.4%	313	64.4%	33년
5년	35	609	6	5,200	5,200	0	433	71.1%	433	71.1%	37년
6년	36	731	8	5,200	5,200	0	556	76.0%	556	76.0%	39년
7년	37	853	10	5,200	5,200	0	681	79.9%	681	79.9%	41년
8년	38	975	12	5,200	5,200	0	789	81.0%	789	81.0%	42년
9년	39	1,097	15	5,200	5,200	0	900	82.1%	900	82.1%	43년
10년	40	1,219	17	5,200	5,200	0	1,014	83.2%	1,014	83.2%	44년
11년	41	1,341	20	5,200	5,200	0	1,131	84.4%	1,131	84.4%	44년
12년	42	1,463	23	5,200	5,200	0	1,250	85.5%	1,250	85.5%	45년
13년	43	1,585	26	5,200	5,200	0	1,373	86.6%	1,373	86.6%	45년
14년	44	1,707	29	5,200	5,200	0	1,498	87.8%	1,498	87.8%	46년
15년	45	1,828	32	5,200	5,200	0	1,627	89.0%	1,627	89.0%	46년
16년	46	1,950	36	5,200	5,200	0	1,759	90.2%	1,759	90.2%	47년
17년	47	2,072	40	5,200	5,200	0	1,894	91.4%	1,894	91.4%	49년
18년	48	2,194	45	5,200	5,200	0	2,033	92.6%	2,033	92.6%	62년
19년	49	2,316	49	5,200	5,200	0	2,175	93.9%	2,175	93.9%	61년
20년	50	2,438	53	5,200	5,200	0	2,320	95.2%	2,320	95.2%	60년
25년	55	2,438	61	5,200	5,200	0	2,597	106.5%	2,597	106.5%	
30년	60	2,438	70	5,200	5,200	0	2,896	118.8%	2,896	118.8%	
35년	65	2,438	81	5,200	5,200	0	3,218	132.0%	3,218	132.0%	
40년	70	2,438	92	5,200	5,200	0	3,564	146.2%	3,564	146.2%	
45년	75	2,438	106	5,200	5,200	0	3,919	160.7%	3,919	160.7%	
50년	80	2,438	121	5,200	5,200	0	4,264	174.9%	4,264	174.9%	
55년	85	2,438	139	5,200	5,200	0	4,586	188.1%	4,586	188.1%	
60년	90	2,438	159	5,200	5,200	0	4,895	200.8%	4,895	200.8%	

30세 남 20년 납 종신보험의 해지환급금 표입니다. 월 보험료는 약 10만 원입니다. 맨 윗줄 중간쯤에 보이는 '최저보증이율 가정 시 (2.75%를 적용하여 산출한 해지환급금으로 최저보증)'라는 문구가 사람을 헷갈리게 합니다. 예전과 다르게 최근에 많은 회사들이 저 문구를 넣어서 해지환급금표를 만듭니다. 얼핏 보면 10만 원에 2.75%의 이율을 적용해서 나중에 돌려주는 것처럼 보이지만 사실은 전혀 아닙니다. 2.75%라는 수치는 해지환급금을 계산할 때 쓰이는 이율일 뿐입니다. 불순한 의도가 다분히 보이는 '2.75%', '최저보증' 같은 단어 때문에 많은 고객들이 속아 넘어갑니다. 저걸 문자 그대로 믿는 설계사들도 꽤 많습니다.

　상식적으로 내가 낸 돈에 2.75%의 이자를 붙여준다면 당장 가입한 다음 달부터 환급률은 100%를 넘어가야 합니다. 하지만 해지환급금표를 보면 20년이 지나도 95.2%밖에 되지 않습니다. 내가 낸 돈을 20년 동안 2.75%의 이율로 불렸는데 여전히 마이너스라는 얘기입니다. 자세히 나와 있지는 않지만 대략 22년에서 23년은 돼야 원금에 도달합니다. 이상하지 않습니까? 이유는 간단합니다. 그냥 종신보험이기 때문입니다. 종신보험은 보장성보험이기 때문에 위험보험료가 빠집니다. 상품마다 조금씩 차이는 있겠지만 대략 납입 보험료의 30% 정도라고 보시면 됩니다.

월적립액	기간	연이자율	원금
70,000원	240개월	2.75%	16,800,000원
이자	5,615,494원		
만기금	22,415,494원		

10만 원에서 위험보험료 3만 원을 차감한 7만 원을 20년간 2.75% 의 이율로 부리한 결과입니다. 해지환급금표에 있는 2,320만 원과 얼추 비슷합니다.

그러면 이 보험의 실제 금리는 얼마 정도 될까요? 10년이나 20년 시점에서는 원금을 넘지 않기 때문에 계산할 필요도, 계산할 수도 없습니다. 30년 시점의 해지환급금으로 실제금리를 계산해 보겠습니다. 20년 동안은 10만 원씩 납입하고 이 후 10년은 납입 없이 거치만 합니다. 대충 계산해 보면 이렇습니다.

〈월 적립액 100,000원 / 적금기간 20년 / 적용금리 0.9%〉

FV

Rate	0.9%/12	📷	=	0.00075
Nper	240	📷	=	240
Pmt	-100000	📷	=	-100000
Pv		📷	=	숫자
Type	1	📷	=	1

= 26304592.87

주기적이고 고정적인 지급액과 고정적인 이율에 의거한 투자의 미래 가치를 산출합니다.

Type 은(는) 지급 시기를 나타내며 1은 투자 주기 초를, 0 또는 생략 시에는 투자 주기 말을 의미합니다.

수식 결과= ₩26,304,593

월적립액	기간	연이자율	원금
100,000원	240개월	0.9%	24,000,000원

이자	2,304,593원
만기금	26,304,593원

〈예치금액 26,304,593원 / 예금기간 10년 / 적용금리 0.9%〉

FV

Rate	0.9%/12	🔢	= 0.00075
Nper	120	🔢	= 120
Pmt		🔢	= 숫자
Pv	-26304593	🔢	= -26304593
Type	1	🔢	= 1

= 28780838.32

주기적이고 고정적인 지급액과 고정적인 이율에 의거한 투자의 미래 가치를 산출합니다.

Type 은(는) 지급 시기를 나타내며 1은 투자 주기 초를, 0 또는 생략 시에는 투자 주기 말을 의미합니다.

수식 결과= ₩28,780,838

예치금액	기간	연이자율	원금
26,304,593원	120개월	0.9%	26,304,593원

이자	2,476,245원
만기금	28,780,838원

30년 유지 시 연이자율이 0.9% 정도입니다. 30년 이전에 해지하면 0.9%마저도 못 받습니다. 이것이 최저보증 2.75%라는 상품의 민낯입니다. 어려운 계산한 것 아닙니다. 재무계산기도 필요 없습니다. 인터넷이나 앱으로 쉽게 계산해 볼 수 있습니다. 잠깐만 계산해봐도 이런 결과가 나오는데 고객은 물론 설계사들도 저 '2.75% 최저보증'이라는 말만 철썩 같이 믿고 어디에도 없는 상품이라며, 곧 금

리가 떨어진다며 난리를 칩니다.

추가납입을 하면 사정은 조금 나아집니다. 기본 보험료의 2배인 20만 원을 추가 납입했을 때의 해지환급금 표입니다(추가납입 최대 한도는 기본보험료의 2배, 2회차부터 추가납입).

경과기간	나이(세)	납입보험료	우대적립누계액	기본보험금액		가산보험금액 (공시이율 가정시)	최저보증이율 가정시 (2.75%를 적용하여 산출한 해지환급금으로 최저보증)		2017년 10월 현재 공시이율(2.65%) 가정		연장정기
				최저보증이율을 가정 2.75%를 적용하여 산출한 해지환급금으로 최저보증	현재 공시이율 (2.65%)가정		해지환급금(A)	환급률	해지환급금(B)	환급률	
3개월	30	70	0	5,240	5,240	0	39	56.2%	39	56.2%	
6개월	30	160	0	5,300	5,300	0	99	61.7%	99	61.7%	
9개월	30	251	0	5,360	5,360	0	159	63.4%	159	63.4%	
1년	31	341	1	5,420	5,420	0	219	64.3%	219	64.3%	
2년	32	703	2	5,660	5,660	0	545	77.6%	545	77.6%	
3년	33	1,065	3	5,900	5,900	0	911	85.5%	911	85.5%	52년
4년	34	1,427	5	6,140	6,140	0	1,286	90.1%	1,286	90.1%	76년
5년	35	1,789	6	6,380	6,380	0	1,671	93.4%	1,671	93.4%	75년
6년	36	2,151	8	6,620	6,620	0	2,067	96.1%	2,067	96.1%	74년
7년	37	2,513	10	6,860	6,860	0	2,473	98.4%	2,473	98.4%	73년
8년	38	2,875	12	7,100	7,100	0	2,869	99.8%	2,869	99.8%	72년
9년	39	3,237	15	7,340	7,340	0	3,276	101.2%	3,276	101.2%	71년
10년	40	3,599	17	7,580	7,580	0	3,694	102.6%	3,694	102.6%	70년
11년	41	3,961	20	7,820	7,820	0	4,124	104.1%	4,124	104.1%	69년
12년	42	4,323	23	8,060	8,060	0	4,565	105.6%	4,565	105.6%	68년
13년	43	4,685	26	8,300	8,300	0	5,018	107.1%	5,018	107.1%	67년
14년	44	5,047	29	8,540	8,540	0	5,483	108.6%	5,483	108.6%	66년
15년	45	5,408	32	8,780	8,780	0	5,960	110.2%	5,960	110.2%	65년
16년	46	5,770	36	9,020	9,020	0	6,452	111.8%	6,452	111.8%	64년
17년	47	6,132	40	9,260	9,260	0	6,957	113.4%	6,957	113.4%	63년
18년	48	6,494	45	9,500	9,500	0	7,476	115.1%	7,476	115.1%	62년
19년	49	6,856	49	9,740	9,740	0	8,009	116.8%	8,009	116.8%	61년
20년	50	7,218	53	9,980	9,980	0	8,557	118.6%	8,557	118.6%	60년
25년	55	7,218	61	10,173	10,173	0	9,772	135.4%	9,772	135.4%	
30년	60	7,218	70	11,623	11,623	0	11,164	154.7%	11,164	154.7%	
35년	65	7,218	81	13,273	13,273	0	12,750	176.6%	12,750	176.6%	
40년	70	7,218	92	15,148	15,148	0	14,551	201.6%	14,551	201.6%	
45년	75	7,218	106	17,257	17,257	0	16,577	229.7%	16,577	229.7%	
50년	80	7,218	121	19,594	19,594	0	18,821	260.7%	18,821	260.7%	
55년	85	7,218	139	22,103	22,103	0	21,231	294.1%	21,231	294.1%	
60년	90	7,218	159	24,648	24,648	0	23,675	328.0%	23,675	328.0%	

9년이 지나면 원금이 넘어갑니다. 앞의 설계에 비하면 원금도달 시점이 굉장히 빠릅니다. 20년 시점의 해지환급금으로 실제 금리를 계산해 보겠습니다.

FV

Rate	1.7%/12	📷	=	0.001416667
Nper	240	📷	=	240
Pmt	-300000	📷	=	-300000
Pv		📷	=	숫자
Type	1	📷	=	1

= 85803414.18

주기적이고 고정적인 지급액과 고정적인 이율에 의거한 투자의 미래 가치를 산출합니다.

Type 은(는) 지급 시기를 나타내며 1은 투자 주기 초를, 0 또는 생략 시에는 투자 주기 말을 의미합니다.

수식 결과= ₩85,803,414

월적립액	기간	연이자율	원금
300,000원	240개월	1.7%	72,000,000원

이자	13,803,414원
만기금	85,803,414원

20년 유지 시 연이자율이 대략 1.7% 정도 됩니다. 추가납입을 하지 않은 경우와 비교하면 굉장한 발전입니다. 하지만 여전히 기대에는 미치지 못합니다. 20년 납입하고 적용받는 이자가 1.7%면 물가상승률의 반 정도밖에 안 되는 수준입니다. 뭐 하러 30만 원씩 20

년이나 내고 있습니까. 차라리 지금 사고 싶은 거 사고 먹고 싶은 거 먹는 게 낫습니다. 고객에게 조금이라도 더 어필하기 위해 납입기간을 5년이나 10년으로 줄이기도 하고 중도인출이나 감액을 이용해서 매년 생활비를 탈 수 있는 플랜을 만들기도 합니다. 어차피 거기서 거기입니다. 무슨 짓을 하더라도 종신보험이라는 사실은 변하지 않습니다.

최근 3, 4년 이내에 고정금리, 확정금리 같은 단어를 듣고 가입한 분들은 지금 당장 증권을 확인해봐야 합니다. 연금으로 알고 가입했는데 상품명에 종신이란 단어가 들어 있다면 여러분도 당한 겁니다. 당장 설계사에게 따지거나 보험사에 연락해서 도움을 받으시기 바랍니다. 여러분이 가입한 보험은 누가 뭐라 해도 '종신보험'입니다.

보험도 유행이 있나요?

태아보험은 ○○회사를 많이 한다면서요?

요즘 ○○보험이 인기라면서요?

블로그를 오픈하고 본격적으로 인터넷영업을 시작했던 게 대략 2012년 정도입니다. 그때 굉장히 유행하던 보험이 있었습니다. 정확히 얘기하면 그 보험회사가 유행이었습니다. 지인영업만 하던 저에게는 충격이었습니다. 아무런 장점도 없이 비싸기만 한 보험사의 상품이라 애초에 제쳐두고 쳐다보지도 않았던 보험이 인터넷에서는 황제취급을 받고 있었습니다. 보험비교사이트에도 판매 1위는 항상 그 보험이었습니다.

나중에 안 사실이지만 사이트에 있는 판매순위는 실제 순위가 아니라 단순 광고였습니다. 저에게 문의주시는 분들은 대부분 여기저기서 설계서 두세 개 정도는 받은 분들입니다. 받은 설계서 중에 그 상품은 꼭 껴 있었습니다. 그 당시 만난 모든 사람들은 그 회사의 보험을 가입하려고 스탠바이 중이였고 설계 내용도 대부분 Ctrl+c, Ctrl+v 수준이었습니다.

결국 더 좋은 상품이 많다는 것을 알려 주고 다른 상품으로 가입시키긴 했지만 이미 유행에 빠져 있는 고객들의 마음을 돌린다는 게 여간 힘든 일이 아니었습니다. 다른 설계사들도 이 글을 읽으면 어떤 보험사의 무슨 상품인지 대부분 눈치 채셨을 겁니다. 오히려 지금은 그 상품이 경쟁력이 있는데 별로 언급이 없습니다.

회사뿐 아니라 보험 상품에도 유행이 있습니다. 2011년에 반짝 유행했던 상조보험, 2012년에 출시해서 한 2년간은 이거 가입 안 하면 늙어서 자녀에게 죄인이 되는 것처럼 광고했던 간병보험, 교통사고로 입원하면 하루에 몇십만 원씩 나오는 운전자보험, 하위사들이 손해율 인상으로 상품 경쟁력이 떨어지면서 궁여지책으로 냈다가 대박 친 질병후유장해 보험, 금리인하를 이용해 자회사 적금 상품을 까면서까지 적금상품으로 변신시켜 팔고 있는 종신보험. (간병보험도 예전에 이런 컨셉으로 팔다가 금감원한테 호되게 혼난 적이 있는데 그리고 보면 사기도 돌고 도나 봅니다) 이외에도 길게 든 짧게 든 유행을 타다 사라졌거나 아직까지 판매되고 있는 상품이 많습니다. 언급한 상품들이 필요 없거나 나쁜 상품이라는 건 아닙니다. 사람에 따라, 환경에 따라 필요한 게 있고 필요하지 않은 게 있는 건데 많이 팔린다고, 다른 사람들이 가입한다고 무작정 너도 나도 가입하는 건 아니라는 겁니다.

다시 한번 말씀드리지만 보험에는 유행이 있습니다. 패션은 유행 따라 입으면 중간은 갑니다. 너무 유행에 뒤처지면 패션테러리스트 소리도 듣습니다. 하지만 보험은 그렇지 않습니다. 오히려 섣불리 유행 탔다가 낭패 볼 확률이 높습니다. 충분히 검증되고 나서 가입해도 늦지 않습니다. 곧 없어지니까 빨리 가입하란 말에 겁먹을 필요 없습니다. 진짜 잘 팔리는 거면, 그리고 돈 되는 거면 누군가는 또 만듭니다. 조급해하지 마시고 보험만큼은 우리 모두 유행에 둔감한 사람이 됩시다.

태아보험의 약관에 치명적인 오류가 있다?

조리원이나 베이비 페어 혹은 지역 맘 카페를 통해 태아보험을 가입하는 분들이 꽤 많습니다. 거기에서 영업하는 설계사들은 대부분 여러 회사를 취급할 수 있는 GA대리점 설계사들입니다. 모르는 사람들을 대상으로 하는 영업에서 회사별 보험료 비교는 기본입니다. 그런데 이상하게도 태아보험은 맹목적으로 한 상품만 추천합니다.

그 이름도 유명한 H사의 ○○○어린이보험.

회사 이름과 상품명을 명확히 쓰지 않았지만 누구나 알 수 있는, 태아보험의 대명사가 되어버린 보험입니다(원래는 이니셜도 쓰지 않는 게 맞지만 다음에 나오는 내용을 설명하려면 어차피 보험사가 언급되어야 하기 때문에 부득이하게 이니셜을 표기했습니다). 브랜드파워가 워낙 쎈 상품이라 그런지 설계서를 받아 본 고객들도 딱히 반론을 제기하지 않습니다. 평소와 달리 묻지도 따지지도 않고 보험료만 대충 조정해서 가입합니다.

사실 10년 전에는 태아보험이나 어린이보험의 만기가 30세밖에 없었기 때문에 어느 회사든 보험료가 비슷했습니다. 담보별 보험료가 워낙 싸다보니 어떻게 설계를 해도 3~5만 원 사이였습니다. 보험료를 비교해 볼 필요가 없었던거죠. 담보도 회사마다 큰 차이가 없었습니다. 특출난 회사도, 모난 회사도 없었기에 그냥 큰 회사에 유명한 상품을 가입하면 됐습니다. 하지만 지금은 상황이 많이 달라졌습니다. 100세 만기도 모자라 110세 만기까지 나온 상황에서 보험료 비교는 필수가 됐습니다. 회사별로 보장범위도 다르기 때문에 잘 비교해 보고 가입해야 합니다.

이런 환경의 변화에도 불구하고 H사 보험의 시장 점유율은 큰 변화가 없어 보입니다. 맹목적인 권유와 가입은 여전합니다. 이에 대해 할 말이 참 많습니다. 블로그나 지식인의 답변에는 공격적인 내용도 많습니다. 회사별 보험료 비교나 담보 비교 같은 세부적인 내용도 있습니다. 하지만 책에서까지 한 상품에 대해 적나라하게 얘기하는 건 적절하지 않은 것 같아 여기서는 객관적으로 판단할 수 있는 '약관상의 오류'에 대한 논란만 짚고 넘어가려고 합니다.

6~7년 전부터 보험 블로그나 맘 카페에서 태아보험의 약관이 회사마다 차이가 있다는 주장이 나오기 시작했습니다. H사를 제외한 다른 회사의 태아보험에는 약관상 치명적 오류가 있으니 피해를 보

지 않으려면 H사 보험을 가입하라는 것이었습니다. 이 주장은 인터넷상에서 유행처럼 번져나갔고 한동안은 너나할 것 없이 '약관상의 오류'를 들먹이며 H사의 태아보험을 판매했습니다. 유행이 그렇듯 지금은 많이 잠잠해졌지만 아직도 그렇게 생각하고 있는 사람이 상당수 있습니다.

아래 내용은 실제 한 보험커뮤니티에 제가 올린 글입니다. 이 글을 게시한 이후 더 이상 약관상의 오류를 들먹이며 H사 보험을 제안하는 일은 사라졌습니다. 그들(?)이 주장하는 '약관상의 오류'가 과연 어떤 것인지 살펴보겠습니다(참고로 맘 카페를 포함한 여러 보험 커뮤니티에서 활동하는 설계사들은 쉽게 얘기하면 얼마의 돈을 지불하고 단체로 영업하는 사람들입니다. 그렇다보니 답변이 거의 비슷하고 제안하는 상품도 비슷합니다. 객관적이지도 않습니다. 커뮤니티에 입점해 있는 작은 보험회사라고 생각하시면 됩니다).

〈출생 전 자녀가입 특별약관 제4조〉

제4조(태아에 대한 회사의 보장의 시기 및 종기)
태아에 대한 회사의 보장은 보통약관 제9조(제1회 보험료 및 회사의 보장개시)에도 불구하고 출생시에 시작하며, 출생일로부터 보통약관의 보험기간을 더한 날에 끝납니다.

바로 이 부분이 논란이 되는 부분입니다. H사, L사를 제외한 다른 보험사는 약관에 이 부분이 들어가 있습니다. 아래 보통약관 제9조에 보면 보장 개시 시기는 초회 보험료를 납부한 시기로 봅니다. 하지만 태아의 경우 아직 출생하지 않았고 민법상 완전히 출생을 해야만 생명체로 인정하기 때문에 대부분의 회사가 위의 출생 전 자녀가입 특별약관 4조에 보장 개시시기를 다시 정의해 놓았습니다. 초회보험료를 납입했더라도 출생을 해야 보장이 개시된다는 것입니다. 출산 중 문제가 생기는 것도 아직 완전히 태어나지 않았기 때문에 보장이 시작되지 않은 것입니다. 이 부분이 없는 H, L사는 보장개시시기를 보통약관 제9조에 의거해 초회 보험료를 납입한 시점부터라고 봅니다. 이 부분이 실제 보상하는 데 어떤 영향을 미치는지 확인해 보겠습니다.

〈보통약관 제9조〉

제9조(제1회 보험료 및 회사의 보장개시)
1. 회사는 계약의 청약을 승낙하고 제1회 보험료를 받은 때부터 이 약관이 정한 바에 따라 보장을 합니다.

실손의료비는 선천성 질병의 경우 뇌질환의 경우만 제외하고는 다 보상이 가능합니다. 실손의료비에 대한 부분은 어차피 출산 후 치료를 받는 것이기 때문에 보장개시시기가 출생 전이든 후이든 상관이 없습니다. 실손의료비에서는 보험 가입 이전 고지사항만 문제가 없으면 보상은 정상적으로 처리돼야 합니다. 질병의 원인이 그전이든 그 후든 약관상 문제가 될 소지는 없습니다. 성인의 경우를 생각해 보면 이해하기 쉽습니다. 고객이 보험을 가입한 이 후 병원에 가서 어떤 질병을 진단받았는데 그 질병이 예전부터 있었던 질병이라고 가정합시다. 이런 경우 고객은 보험가입 이전에 병원을 간 이력만 없으면 약관상 보상 받는 데 전혀 문제가 없습니다. 만약 발병시기에 대한 논쟁으로 인해 태아가 출생 전 발생한 질병에 대한 보장을 못 받는다면 위에 예를 든 성인의 경우도 보상을 못 받는 것이 당연합니다. 결론적으로 실손의료비는 〈출생전 자녀가입 특별약관 제4조〉가 있든 없든 상관없이 지급되는 것이 옳습니다.

〈실손의료비 보상하지 않는 손해〉

1. 정신 및 행동장해(F04~F99)
2. 여성생식기의 비염증성 장애로 인한 습관성 유산, 불임 및 인공수정관련 합병증(N96~N98)
3. 피보험자가 임신, 출산(제왕절개를 포함합니다), 산후기로 통원한 경우 (O00~O99)
4. 선천성 뇌질환(Q00~Q04)

실손의료비 외에 골절수술비, 화상수술비, 상해수술비, 질병수술비 등등 많은 담보들은 선천성 질병에 대해서 보상해 주지 않는다고 명시되어 있습니다. 그렇기 때문에 이런 담보들도 보장개시시기와 아무 연관이 없습니다. 문제가 되는 것은 질병80%(50%)이상후유장해 담보입니다. 다른 담보들은 다 명시가 되어 있는데 이상하게도 이 담보는 선천성 질병에 대해서 보상을 해 주지 않는다는 문구가 없습니다. 약관을 한번 살펴보겠습니다.

2-27. 질병80%이상후유장해연금 특별약관

제2조(보험금의 종류 및 지급사유)
1. 회사는 피보험자가 이 특별약관의 보험기간 중에 진단 확정된 질병으로 인하여 그 질병이 치유된 후 신체의 일부를 잃었거나 그 기능이 영구히 상실되어 장해분류표에서 정한 지급률이 80%이상 장해지급률에 해당하는 후유장해가 남았을 경우에는 아래의 금액을 지급합니다.

중요하게 볼 부분은 음영처리된 '보험기간 중에'라는 문구입니다. 약관대로라면 H사 L사는 보험기간이 초회보험료를 납입한 시점이기 때문에 출산 중 문제가 생겨 그 질병으로 인해 장해가 발생하면 보상이 됩니다. 하지만 그 외의 회사는 보험기간이 출생한 시점이기 때문에 보상에서 제외가 될 가능성이 있다는 것입니다. 하지만 그 뒤의 내용까지 읽어보면 얘기는 달라집니다.

'회사는 피보험자가 이 특별약관의 보험기간 중에 진단 확정된 질병으로 인하여 그 질병이……', '보험기간 중'이라는 문구만 본다면 문제가 있지만 '보험기간 중에 진단 확정된 질병'이라는 문구까지 본다면 사실상 문제는 없어집니다. 질병의 최초 발병시기가 보험기간 중이 되어야 한다는 것이 아니라 진단확정이 보험기간 중이어야 한다는 말입니다. 진단확정은 아기가 태어나는 도중에 받는 것이 아니라 태어나고나서 받는 것입니다. '보험기간 중에 발병한 질병'이라고 명시되어 있다면 문제가 있지만 저 내용은 문제가 없습니다. 즉, 위의 약관은 보장개시가 태아 때든 출생 이후든 아무 상관없이 똑같이 적용된다는 얘기가 됩니다.

약관의 한 부분만 더 살펴보겠습니다.

7-1. 출생전 자녀가입 제도특별약관

제1조(특별약관의 적용)
1. 이 특약은 보통약관의 피보험자로 될 자가 계약체결시 출생전 자녀(이하 "태아"라 합니다)인 계약에 대하여 적용합니다.
2. 제1항의 태아는 출생시에 피보험자로 됩니다.

제2조(피보험자의 범위)
1. 이 특별약관은 보통약관의 피보험자로 될 자가 계약을 체결할 때 출생전 자녀인 계약에 대하여 적용합니다.
2. 제1항의 태아는 출생시에 피보험자로 됩니다.

태아가 피보험자로 되는 시기를 명시해 놓은 부분입니다. 이 부분은 모든 회사가 동일합니다. 민법상 태아는 생명체로 인정하지 않습니다. 보험약관상으로도 H사든 L사든 그 외의 다른 회사든 간에 출생해야 피보험자로 인정합니다. 태아 때는 피보험자가 아니라는 겁니다. 근데 보장개시가 보험료 납입시점부터라면 보장이 피보험자가 없을 때 개시된다는 건데 이건 논리적으로 이해하기 힘듭니다. 민법상이든 보험약관상이든 생명체가 아닌, 쉽게 말해 무생물에게 진단을 확정한다는 건 말이 안 됩니다. H사 L사가 가입자를 태아 때부터 피보험자로 인정하면 다른 회사와 차별화되겠지만 그런 내용이 없다면 차이는 없는 것입니다. 결국, 위에 있는 〈출생 전 자녀가입 특별약관 제4조〉는 특별한 내용이 아니라 이런 내용을 좀 더 세부적으로 명시하기 위해 추가해 놓은 조항이라고 보는 것이 논리적으로 맞습니다.

실제 보상사례를 볼 때도 실손의료비는 어느 회사에 가입했던 간에 선천적인 질병에 대해서도 보상이 됩니다. 하지만 선천적 질병으로 인한 50% 이상 후유장해는 실제 사례가 그렇게 많지 않기 때문에 보상사례를 찾아보기가 힘듭니다. 또한 약관이라는 것이 글자 하나에 따라 판결이 달라질 수 있기 때문에 이 상황에서 명확한 판단을 내리는 것이 쉽지는 않습니다. 뉴스에서 가끔씩 약관상의 차이를 들먹이면서 보상을 해 주지 않는 보험사가 많다고 얘기합니다. 뉴스의 내용은 사실 매우 모호합니다. 실손의료비를 주지 않는다는 것인지, 수술비특약 보험금을 주지 않는다는 것인지, 아니면 실제 논란이 있을 수 있는 후유장해 보험금을 주지 않는다는 것인지 명확히 제시하지 않습니다.

무조건 주지 않는다고만 하니 자세한 사항을 모르는 시청자 입장에서는 논란이 있을 만합니다. 전부다 그런 건 아니지만 실제 보상을 해 주는 보상담당자나 손해사정사도 잘 모르고 결정할 때가 많습니다. 보상 여부나 보상 크기가 회사에 영향을 미치기 때문에 명확한 기준이나 지식 없이 뭔가 문제가 있는 것 같으면 일단 안 된다고 얘기하는 경우를 많이 봤습니다. 그런 경우 고객들은 약관에 대한 깊은 지식이 없기 때문에 보상을 못 받고 넘어가는 경우가 대부분입니다. 이런 요인들이 복합적으로 발생하면서 태아보험 약관에 대한 논쟁이 발생했다고 봅니다.

> **제4조(태아에 대한 회사의 보장의 시기 및 종기)**
> 태아에 대한 회사의 보장은 보통약관 제9조(제1회 보험료 및 회사의 보장개시)에도 불구하고 출생시에 시작하며, 출생일로부터 보통약관의 보험기간을 더한 날에 끝납니다.

태아보험의 논쟁은 약관의 수많은 조항 중 딱 한 문장 때문에 시작됐습니다. 자세히 따져 보면 큰 차이가 없는 문구지만 설계사나 고객입장에서는 문제를 제기할 수 있는 문구입니다. 회사가 많은 고객들이 우려하고 있는 선천적인 질병에 대해서 보장을 해 주지 않으려고 저 조항을 넣은 것은 아니라고 봅니다. 회사 입장에서도 이런 논쟁이 계속되면 대부분의 회사들이 타격을 받을 것은 분명한 사실입니다. 앞으로 더 이상 고객이나 회사가 쓸데없는 불이익을 받지 않지 않도록 이런 문제들을 회사가 하루 빨리 인식하고 약관의 내용이 통일성 있게 수정되었으면 하는 바람입니다.

설계사가 CI보험을 해지하고 GI보험으로 갈아타라고 합니다

CI=Critical Illness

CI보험이 고객들에게 이미지가 좋지 않은 이유는 아마 '중대한'이라는 단어 때문일 겁니다. 생명보험사에서는 이런 인식을 바꾸기 위해서 '중대한' 질병이 그렇게 중대한 건 아니라고 구구절절히 설명합니다. 손해보험사에 중대하지 않아도 보험금이 나오는 암, 뇌졸중, 급성심근경색진단비가 있는데 굳이 중대한 암, 중대한 뇌졸중, 중대한 급성심근경색을 설계해 와서는 별 차이가 없으니 가입하라고 열변을 토합니다(2019년 손해보험사 기준 뇌졸중, 급성심근경색증보다 범위가 더 넓은 뇌혈관, 허혈성심장질환도 가입 가능).

한번은 회사에서 마련한 CI보험 상품교육을 간 적이 있었습니다. 업계에서 유명하다고 소문난 강사가 와서(소문난 강사는 왜 이렇게 많은지, 그리고 그 소문은 왜 나한테까지는 오지 않는지 모르겠지만) 한 시간 내내 약관을 찾아 가며 강의한 내용도 비슷했습니다. 'critical'은 우리가 알고 있는 '중대한'이 아니다. 많은 사람들이 염려하는 것만큼 심각한 것은 아니니 안심하고 팔아도 된다. 이게 강의

의 요지였습니다. 나중에 보니 그 강사는 뇌졸중진단비를 비갱신으로 판매하는 회사가 있다는 것도 모르고 있었습니다. CI보험은 중대한 뇌졸중이긴 하지만 비갱신이니 갱신형 뇌졸중진단비보다는 낫지 않냐는 말도 안 되는 소리도 했습니다. 강사비가 아까워서 너무 화가 났지만 제 돈이 아니라서 참았습니다.

현장에서는 이렇게 'critical'이라는 단어를 인정하지 않으려고 고군분투하고 있지만 보험사의 생각은 다른 것 같습니다. CI보험의 심각성을 인정하고 논란을 잠재우려는 듯 새로운 상품을 선보입니다. 바로 GI보험입니다.

GI=General Illness

Critical을 빼고 General을 넣었습니다. CI보험보다 보장범위가 훨씬 넓어졌습니다. 설계사들은 '중대한'에 대한 변명을 더 이상 하지 않아도 됩니다. 중대한 암이 아닌 일반 암으로 진단받아도 진단비가 나옵니다. 약관의 여러 조건을 따질 필요 없이 질병코드만 받아오면 됩니다. 알파벳 하나 바꿈으로써 '중대한'에 대한 논란이 깔끔히 해결했습니다. 하지만 이상하게도 고객들의 반응은 여전히 냉담합니다. 질문에서도 볼 수 있듯이 의심의 눈초리가 완전히 걷어지지 않았습니다. 판매량도 회사의 예상치보다 못 미친 건 확실해 보입니다. 어디가 잘못된 걸까요?

사실 CI보험은 회사에서 정의한 '중대한 질병'이 실제로도 중대하냐 중대하지 않냐가 문제가 아닙니다. CI보험을 쉽게 풀어쓰면 선지급 종신보험입니다. 기본 골격을 종신보험으로 하고 중대한 질병이 걸리면 원래 받아야 할 보험금을 미리 당겨서 받는 것이 CI보험입니다. 원래 없던 걸 주는 게 아닙니다. 사망하면 받을 사망보험금에서 50% 혹은 80%를 덜어 주는 겁니다. 당연히 중복해서 지급되지 않습니다. 만약 중대한 암으로 보험금을 받았다면 그 후에 다른 질병이 걸려도 받을 것이 없습니다. 여러 중대한 질병 중에서 딱 한 가지만 보상해 주는 것이 CI보험이고 이것이 CI보험의 가장 큰 문제입니다. CI보험을 가입한 많은 고객들이 한번만 준다는 사실을 모르고 있습니다. 결국 CI보험을 가입해도 진단비나 사망보험금을 추가로 가입해야 합니다. 그러니 CI든 GI든 근본적인 문제는 해결되지 않는 겁니다(비슷한 시기에 출시된 세 번 받는 CI보험이나 100% 선지급 CI보험, 최근 출시된 SI보험도 동일합니다).

사실 CI보험은 대한민국처럼 실비가 있는 나라에서는 필요가 없는 보험입니다. 원래가 중대한 질병이 걸렸을 때 쓸 병원비를 준비하기 위해 만들어진 보험입니다. 병원비는 실비로 충분합니다. 진단비를 목적으로 가입한다 해도 CI보험보다 더 좋은 보험이 여기저기에 널렸습니다. 종신보험을 기반으로 하기 때문에 보험료도 굉장히 비쌉니다. GI보험도 마찬가지입니다. 둘 다 우리나라 보험시장에는 어울리지 않는 보험입니다. 얼핏 보기에는 모든 걸 다 보상해주는 보험 같지만 실제는 이도 저도 아닌, 목적이 불분명한 보험입니다. 진단비 지급의 일회성이 해결되지 않는 한 지금의 CI보험은 아무리 변형한다 해도 문제가 생길 수밖에 없습니다. Critical이나 General이나 매한가지입니다. 두 상품 다 멀리하시는 게 정신건강에 이롭습니다.

종신보험에서 특약만 유지할 수는 없나요?

아이러니하게도 제가 만난 고객 중 주계약을 보장받기 위해 종신보험을 가입한 사람은 거의 없었습니다. 종신보험의 원래 가입목적은 사망보험금을 종신토록 보장받기 위함이지만 많은 설계사들이 특약의 장점이나 연금전환과 같은 옵션에 중점을 두고 종신보험을 판매합니다. 주계약은 특약을 가입하기 위한 기본조건으로만 여깁니다. 실비보험이나 암보험 가입을 원하는 고객에게도 종신보험으로 설계해 주는 경우가 꽤 많습니다. 나중에야 주계약이 너무 비싼 걸 인지하고 조정하고 싶어합니다.

담보명	납입기간/만기	보장금액	보험료
주계약	20년/종신	5천만 원	67,000원
실손의료비(종합입원)	3년/3년(최대100세)	5천만 원	5,571원
실손의료비(종합통원)	3년/3년(최대100세)	30만 원	2,435원
보험료 합계			75,006원

심한 경우 종신보험보다 더 비싼 CI보험으로 실비를 설계하기도 합니다. 위의 설계가 그런 경우입니다. 피보험자는 20세 여자입니다. 고객은 실비보험 가입을 원했고 주계약 5천만 원에 실손특약

을 넣어 75,006원에 가입했습니다. 가입을 원했던 실손특약은 겨우 8,006원밖에 되지 않습니다. 고객 입장에서는 8,006원을 위해 원치 않는 67,000원을 내고 있었던 겁니다. 바로 해지하고 단독 실손으로 가입하는 게 맞지만 지금까지 낸 돈이 아깝기도 하고 새로 가입하게 되면 보상한도가 줄어들기 때문에 고객은 어떻게 해서라도 유지를 하고 싶어합니다.

〈단독 실손 의료비 보상한도〉

- 15년 9월 이전 급여 90%, 비급여 90%
- 15년 9월 이후 급여 90%, 비급여 80%
- 17년 4월 이후 급여 90%, 비급여 80%, 특약 70%

어떤 보험이든 주계약을 아예 뺄 수는 없습니다. 회사에서 설정해놓은 최소한의 금액은 유지해야 합니다. 특약이 들어 있을 경우 대부분의 회사는 그 한도를 3천만 원으로 정해놨습니다.

담보명	납입기간/만기	보장금액	보험료
주계약	20년/종신	3천만 원	40,200원
실손의료비(종합입원)	3년/3년(최대100세)	5천만 원	5,571원
실손의료비(종합통원)	3년/3년(최대100세)	30만 원	2,435원
보험료 합계			48,206원

이런 식으로 수정이 가능합니다. 보험료가 거의 3만 원 정도 줄었습니다. 처음보다 많이 줄어든 건 사실이지만 사망보험금을 원하지 않는다면 48,206원도 결코 싼 건 아닙니다(감액했다고 해서 손해가 없는 건 아닙니다. 감액은 부분해지입니다. 3만 원짜리 보험을 해지한 것과 동일합니다).

담보명	납입기간/만기	보장금액	보험료
상해입원의료비	1년/1년(15년 만기)	5천만 원	644원
상해외래의료비	1년/1년(15년 만기)	25만 원	123원
상해약제의료비	1년/1년(15년 만기)	5만 원	4원
질병입원의료비	1년/1년(15년 만기)	5천만 원	3,470원
질병외래의료비	1년/1년(15년 만기)	25만 원	1,233원
질병약제의료비	1년/1년(15년 만기)	5만 원	100원
비급여도수, 체외충격파, 증식치료의료비	1년/1년(15년 만기)	350만 원	579원

비급여주사료의료비	1년/1년(15년 만기)	250만 원	295원
비급여자기공명영상진단 의료비	1년/1년(15년 만기)	300만 원	740원
보험료 합계			7,188원

17년 8월 기준 20세 여자 단독 실비 보험 설계입니다. 특정 보험사를 막론하고 단독 실손 상품은 보험사 홈페이지에서 다이렉트로도 가입이 가능합니다. 보장범위가 줄어들긴 했지만 기존에 가입한 75,006원에 비하면 1/10도 안 되는 가격입니다. 보상한도가 가장 큰 입원의료비의 경우 자기부담금이 비급여 기준 10% 증가했지만 최대 자기부담금 한도는 15년 9월 이전과 동일하게 200만 원이기 때문에 큰 질병이 걸렸을 때의 보상금액은 예전이나 지금이나 별 차이가 없습니다.

〈비급여 기준 병원비 3,000만 원 청구 시〉

15년 9월 이전	15년 9월 이후
• 3,000만 원×0.9=2,700만 원. • 자기부담금 300만 원 중 200만 원 초과금액 100만 원은 추가보상 • 실제 보상금액 2,800만 원	• 3,000만 원×0.8=2,400만 원. • 자기부담금 600만 원 중 200만 원 초과금액 400만 원은 추가보상 • 실제 보상금액 2,800만 원

자기부담금이 증가한 건 사실이지만 따지고 보면 많이 차이 나 봤

자 100만 원입니다. 기존 계약을 유지한다면 주계약을 최소로 한다 해도 단독실비보다 4만 원은 더 내야 합니다. 1년만 계산해 봐도 48만 원입니다. 앞에서도 언급했지만 사망보험금을 원하지 않는 고객이라면 혜택에 비해 굉장히 과한 금액입니다. 90% 보상되는 48,206원짜리 실비와 80% 보상되는 6,870원짜리 실비. 보장이 줄어들긴 하지만 고민해 볼 만한 가치가 있지 않습니까?

실손 담보를 예를 들어 설명했지만 다른 특약이 들어 있어도 비슷합니다. 종신보험에 원하는 담보를 담으면 특별한 경우가 아닌 이상 주계약이 특약보다 훨씬 비쌉니다. 실비의 경우처럼 주객이 전도된 꼴이 됩니다. 시작부터 잘못됐기 때문에 조정하는 것도 한계가 있습니다. '예전 보험은 건드리는 거 아니다', '보험은 해지하면 무조건 손해다' 이런 밑도 끝도 없는 말만 믿고 어설프게 조정해서 유지하는 것보다 제대로 설계해서 새로 시작하는 것이 훨씬 이득일 수도 있습니다. 때로는 과감한 결단이 필요합니다. 유지하는 것만이 정답은 아닙니다.

5.

TOP5에서 탈락한 중요한 질문들

설계사는 전부 사기꾼 아닌가요?

설계사에 대한 인식은 아직도 형편없습니다. 누군가 보험설계사라고 하면 따가운 눈초리로 보는 게 사실입니다. 보험설계사라는 말보다는 사기꾼, 보험쟁이, 보험팔이 등 안 좋은 단어로 비꼬는 경우도 많습니다. 현재 보험업계에 일을 하고 있는 사람으로서 이런 말을 들으면 기분이 좋지는 않지만 실제 이런 얘기를 들을 만큼 형편없이 일하는 설계사들이 있기 때문에 무작정 부정할 수도 없는 것이 사실입니다.

최근 종신보험을 저축보험으로 속이고 판매하는 사례가 굉장히 많아지고 있습니다. 그 외에도 납입을 2년만 하면 더 이상 안 내도 된다느니 병원 간 적이 있어도 몇 년간 청구만 안 하면 상관없다느니 하면서 막무가내로 보험을 판매하는 설계사도 있습니다. 이런 설계사들은 사기꾼 소리를 들어도 쌉니다. 정직하게 일하고 있는 설계사들을 생각하면 그런 설계사들은 아예 보험시장에서 매장당했으면 하는 생각도 듭니다. 하지만 그렇다고 해서 모든 탓을 설계사에게로 돌리는 것 또한 옳지는 않습니다. 무조건 사기꾼이니 뭐니 얘기하기 이전에 자신이 보험가입을 어떻게 했는지 생각해 볼 필요가 있습니다.

상품을 비교하기보다 가입 이후의 사은품을 비교하지는 않았는지, 제대로 이해하지 못했는데도 귀찮아서 대충 가입한 건 아닌지, 지인이라 믿고 아예 설명도 듣지 않고 가입한 건 아닌지 돌아봐야 합니다.

과자 한 봉지도 마트마다 가격이 다 다릅니다. 내가 과자를 산 마트가 다른 마트보다 더 비싸다고 마트만 탓할 수는 없습니다. 피해 보지 않으려면 고객도 노력을 해야 합니다. 잘못된 가입으로 인한 피해는 모두 고객의 몫입니다. 사기꾼을 걸러 내고, 제대로 된 설계사를 찾기 위해서는 고객님의 관심이 필요합니다.

다이렉트 보험 어떤가요?

1년 전쯤 자동차 소음이 너무 심해서 점검을 받으러 간 적이 있었습니다. 동네 카센터도 있었지만 이왕 가는 거 제대로 검사해 보자 싶어서 공식 서비스 센터를 찾아갔습니다. 점검 결과 소음을 잡기 위한 수리비 견적이 대략 오백 정도 나왔습니다. 당연히 고치지 않고 소음을 감수하기로 했습니다. 뒤쪽에 라이트를 무상교체해 준다길래 그것만 교체했습니다. 라이트 교체를 끝내고 집에 가려는데 직원이 갑자기 "결제 도와드리겠습니다"라는 겁니다. 무상교체라 하고선 결제라니. 확인해보니 점검비가 있었던 겁니다. 전혀 예상치 못한 지출이였지만 원래 알고 있었던 것처럼 당황하지 않고 5만원 가량을 결제하고 나왔습니다. 다른 분들은 알고 계셨는지 모르겠지만 저의 인식체계에 점검비는 없었습니다.

저와 비슷한 분이 분명 있을 거라 생각합니다. 이처럼 우리는 서비스에 대한 비용을 지불하는 데 인색합니다. 아니, 인식 자체가 없습니다. 보험을 가입할 때도 비슷합니다. 사업비 얘기를 하면 뭔가 불법적으로 돈을 갈취하는 것처럼 정색을 합니다. 왜 내 돈의 일부를 떼 가는지 이해를 못합니다. 그러다보니 자연스레 사업비, 엄밀히 말하면 설계사의 수당이 빠진 다이렉트 보험을 생각하게 됩니다.

설계사가 일방적으로 밀어붙이고 고객은 그저 받아들이는 식의 가입은 당연히 잘못된 방식입니다. 그렇다고 해서 다이렉트 보험으로 전 과정을 고객이 진행하는 것 또한 좋지 않은 방법입니다. 우선은 설계사가 어느 정도 울타리를 쳐 줘야 합니다. 고객은 그 울타리 내에서 자기의 상황과 생각에 맞게 설계를 해야 합니다. 울타리 밖에서 설계하면 아무리 싸게 가입한다 해도 나중엔 손해로 돌아올 수밖에 없습니다.

정기보험이나 자동차보험처럼 간단한 것들은 다이렉트도 괜찮다고 생각할 수도 있습니다. 하지만 정기보험의 경우 다른 보험과 중복될 가능성이 많아 기존 계약에 대한 분석이 선행되어야 하고 자동차보험의 경우도 사고가 날 경우 합의나 세부적인 처리에 있어서 고객 혼자 판단하기 어려운 경우가 많기 때문에 마냥 다이렉트가 좋다고 할 수는 없습니다.

설계사 수당에는 많은 것이 포함되어 있습니다. 고객이 가지고 있던 기존계약 분석, 고객에게 필요한 상품에 대한 연구 및 제안, 설계, 가입 후 보상처리, 보험사와의 분쟁시 조정, 추후 리모델링 등 많은 업무에 대한 대가로 수당을 받습니다. 물론 노력없이 대충 말로 때우거나 선물로 유혹해서 상품을 파는 설계사도 있습니다. 가입시켜 놓고 얼마 지나지 않아 금방 그만 두는 설계사도 많습니다. 이런 일이 비일비재한 보험시장에서 고객이 할 일은 몇 푼 아끼려고 상품공부해 가며 다이렉트 보험을 알아보는 게 아니라 내가 낸 사업비가 아깝지 않게 나의 계약을 잘 관리해 줄 설계사를 찾는 것입니다.

'보장은 그대로, 가격은 저렴하게' 다이렉트 보험 광고입니다. 매력적으로 들릴지 모르지만 이 광고에는 다음 문구가 생략되어 있다는 걸 반드시 생각해야 합니다.

'대신 모든 책임은 고객이'

보험을 해지하면 설계사에게 어떤 피해가 가는 건가요?

보험을 해지할 경우 설계사가 받은 수당을 환수하는 기간은 보통 1~2년 정도입니다. 사실 환수는 고객이 신경 쓸 필요가 전혀 없습니다. 하지만 설계사를 걱정하는 고객이 의외로 많습니다. 설계사에게 피해가 갈까 봐 환수기간이 끝날 때까지 기다렸다가 해지하는 경우도 있습니다. 설계사와의 관계를 생각하면 어느 정도 이해는 가지만 자기가 피해 보면서까지 배려해 주는 모습은 잘 이해가 되지 않습니다. 오히려 해지했다고 설계사가 화를 내는 경우도 있습니다. 해지하는 데는 다 이유가 있을 텐데 본인 문제는 보지 않고 고객 탓만 합니다.

회사마다 차이가 있지만 일반적으로는 지급한 수당 이상으로 환수를 하진 않습니다. 유지한 만큼은 수당을 지급하기 때문에 엄밀히 따지면 설계사가 손해를 보는 건 없습니다. 이와는 달리 고객은 철회하지 않는 이상 무조건 손해를 봅니다. 낸 돈을 한 푼도 못 받을 수도 있습니다. 그런데도 그렇게 설계사를 생각합니다. 본인이 손해 보는 건 아무렇지도 않나봅니다.

그러지 않았으면 좋겠습니다. 나에게 맞지 않는 보험을 가입했다면 빨리 돌아서는 게 답입니다. 당연히 미안할 수는 있습니다. 무조건 설계사의 잘못만은 아니니까요. 그러니까 같이 손해 보는 것 아니겠습니까. 만약 설계사가 본인의 이익만 생각하고 가입시켰다거나 교묘하게 속이고 가입시켰다면 화도 내야 합니다. 약관에도 가입 후 3개월 이내에는 필수서류를 못 받았거나 설명을 제대로 듣지 못했을 때 계약을 취소할 수 있다는 조항이 있습니다. 1개월 이내는 단순변심에 의한 환불도 가능합니다. 회사에서 부여한 고객의 권리입니다.

잘못 가입한 보험으로 인한 피해는 온전히 고객의 몫입니다. 해지할 때는 이기적이어도 됩니다. 내 보험 내가 해지하는데 왜 눈치를 보십니까. 괜히 설계사 입장 생각하다 피해 보지 마시고 마땅한 고객의 권리를 행사하시기 바랍니다.

보험 가입 시 만기조절이 고민됩니다

돈이 너무 많아서 보험료 신경 쓰지 않고 가입할 수 있는 사람은 만기 조절이 필요가 없습니다. 모든 담보의 보장기간을 제일 길게 설정해서 가입하면 그만입니다. 하지만 우리 중에 그럴 수 있는 사람이 몇 있겠습니까. 대부분의 사람들은 정해진 보험료 내에서 최대의 효과를 내야 되기 때문에 어떻게 만기를 설정하는 것이 합리적인지 고민해 봐야 합니다.

만기 조절은 생존담보와 사망담보를 구분해서 합니다. 이 둘은 목적이 다르기 때문에 당연히 만기도 달라야 합니다.

사망담보(사망보험금)부터 보겠습니다. 사망보험금의 목적은 두 가지입니다.

1) 조기사망대비
2) 상속 및 상속세 재원 마련

사망보험금을 가입할 때 1번은 필수입니다. 피보험자의 은퇴 전,

혹은 자녀의 독립 전에는 당연히 사망보험금이 필요합니다. 어쩌면 어떤 담보보다도 중요한 것이 사망보험금입니다. 2번은 선택입니다. 상속해 줄 재산이 많아서 세금이 걱정되거나 보험으로 재산을 물려줄 생각이 있으면 2번도 준비합니다. 1번은 정기보험을 가입하면 되고 2번까지 준비하려면 종신보험을 가입하면 됩니다.

1번을 준비하기 위해 정기보험을 가입할 때는 평균수명을 고려할 필요가 없습니다. '나는 몇 세까지 살까' 같은 고민을 할 필요가 없다는 뜻입니다. 은퇴시기 혹은 자녀 독립시기만 생각하면 됩니다. 60~70세 정도로 만기를 설정하는 것이 일반적입니다. 사업을 하지 않는 이상은 70세 이상 회사를 다니기 힘들고 자녀도 그 전에 대부분 독립을 합니다. '70세 전에는 안 죽을 것 같은데' 같은 얘기를 하는 사람은 정기보험에 대한 이해가 안 된 사람입니다. 다시 한 번 말씀드리지만 언제 죽을지 예상해서 가입하는 것이 아니라 꼭 필요한 시기까지만 가입하는 것이 정기보험입니다.

종신보험은 재산상속을 위해서 가입한다기 보다는 상속세 재원 마련을 위해 가입한다고 보는 것이 맞습니다. 보통 종신보험을 가입할 때 적게는 5천에서 많게는 2억 정도 가입합니다. 2억이라 해도 30세에 가입해서 100세에 사망했다고 가정하면 물가상승률 3%로 계산했을 때 약 2,500만 원 정도의 가치밖에 안됩니다. 상속이라고 하기엔 어색한 금액입니다. 현재 가치로 1억 정도 물려줄 생각이라면 8억은 가입해야 합니다. 종신보험 보험료를 보여드리겠지만 현실적으로 가입 불가능한 금액입니다.

35세 남 20년 납 기준 설계 내용입니다.

〈정기보험〉

담보명	납입기간/만기	보장금액	보험료
주계약	20년/60세	1억 원	30,000원

〈종신보험〉

담보명	납입기간/만기	보장금액	보험료
주계약	20년/종신	1억 원	200,800원

보험료 차이가 꽤 많이 나죠? 두 가지 설계를 다 보여주면 종신보험을 가입하는 사람이 거의 없습니다. 보험료 차이가 7배 정도니 수당 차이는 말할 것도 없습니다. 그래서 정기보험을 잘 안 알려 줍니다. 사망보험금이 필요하다는 얘기는 하지만 만기에 대한 얘기는 하지 않습니다. 1억이면 20만 원이라 부담스러우니 일단 5천만 원만 가입하고 다음에 여유가 생기면 5천만 원 정도 추가하라고 합니

다. 어떻게든 종신보험을 가입시키려 합니다. 정 60세 이후에도 사망보험금이 필요하다면 종신보험을 가입하시기보다는 정기보험을 가입하고 차액을 연금이나 장기저축으로 준비하는 것이 훨씬 효율적입니다.

생존담보는 여러 가지가 있지만 보험료에 많은 영향을 미치는 3대진단비(암, 뇌졸중, 급성심근경색)만 살펴보겠습니다. 입원일당도 보험료의 많은 부분을 차지하지만 '입원일당 꼭 필요한가요?'에서 언급했기 때문에 생략하겠습니다.

35세 남자	가입금액	20년납 80세 만기	20년납 100세 만기
암진단비	1,000만 원	12,140원	17,150원
뇌졸중진단비	1,000만 원	6,110원	8,950원
급성심근증경색진단비	1,000만 원	2,290원	3,470원

현재의 기대수명을 생각하면 100세 만기는 필요 없습니다. 2015년 기준 기대수명이 82세입니다. 암 발병률도 80세까지는 꾸준히 증가하다 그 이상이 되면 오히려 줄어듭니다. 80세로 가입해도 충분합니다. 지금까지는 그렇다는 겁니다.

하지만 고객을 만나 보면 극히 일부분을 제외하고는 80세 만기를 가입하려 하지 않습니다. 고객들도 이제는 80세 만기가 부족하다는 걸 압니다. 100세 시대라는 말이 일상적인 말이 되었습니다. 주위 사람들을 봐도 예전과는 상황이 많이 다릅니다. 당장 저희 부모님을 보더라도 예전 같았으면 허리가 꼬부라지고 할아버지, 할머니 소리를 들어야 하지만 지금이야 어디 그렇습니까? '난 80세까지만 살 거야', '80세 넘어서 암 걸리면 수술 안 하고 그냥 죽을 거야' 같은 말은 이제 현실성 없는 얘기가 됐습니다.

1970년에 62세였던 기대수명이 2000년에는 76세, 2015년에는 82세까지 늘어났습니다. 0.7 나이 계산법이라고 해서 신체나이를 포함한 여러 지표가 현재나이에 0.7을 곱해야 예전의 연령기준과 비슷하다는 주장도 있습니다. 2015년 UN에서는 새로운 연령 기준을 제시했는데 0세~17세까지는 미성년자, 18세~65세까지는 청년, 66세~80세까지는 중년, 81세~100세까지는 노년, 100세 이후는 장수 노인이라고 합니다. 놀랍지 않습니까? 이런 기준이면 전 아직 질풍노도의 시기입니다. 기대수명이 어디까지 늘어날지는 모르겠지만 지금이 끝이 아니란 건 확실해 보입니다. 보험 만기도 앞으로는 120세, 130세 혹은 그 이상까지 분명히 나올 겁니다. 이런 변화들을 고려하면 진단비의 만기는 납입 가능한 범위 내에서 최대한 길게 가입하는 것이 좋습니다. 제 고객 중에는 110세로 가입한 분들도 제법

됩니다.

단, 돈의 가치를 생각했을 때 군이 100세 이후까지 가입할 필요가 있을까라는 의문이 들 수도 있습니다. 30세에 가입한 5천만 원의 가치가 80세에는 천만 원 정도 됩니다. 천만 원 가지고 뭘 하겠냐고 할 수 있겠지만 진단비의 가입목적을 생각하면 그렇게 적은 돈은 아닙니다.

진단비의 가입목적은 세 가지입니다.

1) 생활비 대체(실직이나 휴직 대비)
2) 간병비
3) 건강보조식품 비용

1번이 가장 큰 비중을 차지하지만 80세가 넘어가면 경제활동을 하지 않기 때문에 필요가 없어집니다. 결국 80세 이후에는 2번과 3번만 준비하면 되는데 천만 원 혹은 그것보다 적더라도 간병비와 건강보조식품 비용으로 유용하게 사용할 수 있습니다. 만약 2, 3번이 제대로 준비되어 있지 않으면 그 부담은 자녀에게로 넘어갑니다. 30대나 40대 고객들이 부모님 보험을 100세 만기로 가입하는 걸

보면 실제 고객들도 인지하고 있는 것 같습니다.

장황하게 설명했지만 사실 정답은 없습니다. 이와 다르게 생각하는 사람도 분명 있을 겁니다. 최종 선택은 고객의 몫입니다. 길게 가입하면 좋은 거야 누군들 모르겠습니까. 초반에도 말씀드렸듯이 정해진 보험료 내에서 최대의 효율을 이끌어 내야 합니다. 표에서는 80세와 100세를 비교했지만 90세, 110세 만기도 있습니다. 위의 설명을 토대로 만기별 보험료를 비교해 보고 본인의 경제상황에 가장 적합한 만기를 찾아 가입하는 것이 정답입니다.

태아(어린이)보험의 만기

태아(어린이)보험의 경우는 성인보험과 다르게 자녀가 취업을 하면 그때 길게 가입해도 늦지 않으니까 지금은 30세 만기로 가입하라고 얘기하는 경우가 종종 있습니다. 절대 바람직하지 않습니다. 보험은 내가 가입하고 싶다고 해서 아무 때나 가입할 수 있는 게 아닙니다. 크게 다치거나 중대한 질병이 생기면 보험가입이 불가능할 수도 있습니다. 시간이 지날수록 보장도 점점 축소됩니다. 가입할 수 있을 때 최대한 길게 가입하는 것이 옳은 선택입니다.

계약전환제도라고 해서 가입 시에는 30세 만기로 저렴하게 가입하고 만기가 되면 가입 당시의 조건 그대로 질병이 있든 없든 100세 만기로 전환해 주는 상품도 있습니다. 성인이 되기 전까지는 부모님이 납입하고 크면 본인이 직접 내라는 겁니다. 이 기능 또한 큰 의미는 없습니다. 애초에 100세 만기로 가입해서 부모님이 20년만 내면 되는데 부모님과 자녀가 각각 20년씩 총 40년을 낼 필요가 있을까요? 필요한 담보만 잘 가입하면 100세 만기로 설계해도 부모님이 납입을 못할 만큼 비싸진 않습니다.

어설프게 돈의 가치 운운하면서 3대 진단비의 만기를 30세로 가입하라고 하기도 합니다. 100세 만기로 가입해봤자 비싸기만 하지 나중에는 얼마 되지도 않는다는 겁니다. 보험료라는 것이 애초에 가치하락을 반영해서 책정됩니다. 거기다 대고 돈의 가치를 따진다는 것은 기본적으로 보험료산정에 대한 이해가 안 되어 있는 겁니다.

그런 논리면 30세는 60세 만기로 가입해야 합니다. 3대 진단비의 만기에서 설명한 것처럼 목적을 따져가며 만기에 대해 언급하는 건 이해가 되지만 무작정 보험료가 비싸다고 만기를 줄이는 건 말이 되지 않습니다. 물가상승률보다 보험료상승률이 훨씬 높기 때문에 보험료가 저렴할 때 100세 만기로 조금이라도 가입해 놓아야 합니다.

저런 주장을 하는 사람들이 꼭 얼마 주지도 않는, 시간이 지나면 0원으로 소멸할 것 같은 입원일당이나 수술비는 한도가 꽉 차도록,

만기도 아주 길게 집어넣습니다. 결국은 일당, 수술비 넣자고 3대 진단비 만기를 줄이는 겁니다. 왜 가치도 없는 자잘한 담보에 목숨 거는지 모르겠습니다. 정말 여유가 안 된다면 30세 만기로 설계해야겠지만 입원일당, 수술비 넣는다고 만기를 줄이는 건 정말 어리석은 일입니다.

보험료 대납 얼마까지 해 주시나요?

아직까지 이런 질문이 올라오는 걸 보면 우리나라 보험시장은 아직 갈 길이 멀다는 생각이 듭니다. 이런 고객이 비전문적인 설계사를 양성하는 주범입니다. 실력이 없어도 사은품이나 돈만 많이 주면 충분히 먹고 살 수 있습니다. 최근 신문기사를 보면 보험에도 인공지능을 도입해서 설계사 없이도 상담받을 수 있는 시스템을 만든다고 합니다. 쉽게 말해서 보험 알파고를 만든다는 건데 바둑에서는 적수가 없지만 보험에서는 쉽지 않을 겁니다. 알파고 할아버지가 와도 대납해 주는 설계사에게는 절대 이길 수 없습니다. 상담 잘해 주면 뭐 합니까, 대납을 못해 주는데.

자주는 아니지만 저도 1년에 한두 명 정도는 이런 고객을 만납니다. 상담 잘 받고 가입은 돈 내주는 설계사에게 가서 합니다. 보험은 설계가 전부가 아닙니다. 시간이 지나면 리모델링도 해야 하고 보상에 문제가 생겼을 때는 설계사가 도움도 줘야 합니다. 대납해 주는 설계사치고 제대로 하는 사람 못 봤습니다. 먹튀도 많습니다. 대부분 1년을 넘기지 못합니다. 그렇다보니 가입시킨 설계사가 계속 관리해 주는 계약이 많지 않습니다. 담당 설계사가 있긴 하지만 수당 한 푼 안 받은 계약을 누가 제대로 관리해 주겠습니까.

보험업법 제98조 (특별이익의 제공 금지)
보험계약의 체결 또는 모집에 종사하는 자는 그 체결 또는 모집과 관련하여 보험계약자나 피보험자에게 다음 각 호의 어느 하나에 해당하는 특별이익을 제공하거나 제공하기로 약속하여서는 아니 된다.

1. 금품(대통령령으로 정하는 금액을 초과하지 아니하는 금품은 제외한다)
2. 기초서류에서 정한 사유에 근거하지 아니한 보험료의 할인 또는 수수료의 지급
3. 기초서류에서 정한 보험금액보다 많은 보험금액의 지급 약속
4. 보험계약자나 피보험자를 위한 보험료의 대납
5. 보험계약자나 피보험자가 해당 보험회사로부터 받은 대출금에 대한 이자의 대납
6. 보험료로 받은 수표 또는 어음에 대한 이자 상당액의 대납
7. 「상법」 제682조에 따른 제3자에 대한 청구권 대위행사의 포기

제202조(벌칙)
다음 각 호의 어느 하나에 해당하는 자는 3년 이하의 징역 또는 2천만 원 이하의 벌금에 처한다

1. 제18조제2항을 위반하여 승인을 받지 아니하고 자본감소의 결의를 한 주식회사
2. 제75조를 위반한 자
3. 제98조에서 규정한 금품 등을 제공(같은 조 제3호의 경우에는 보험금액 지급의 약속을 말한다)한 자 또는 이를 요구하여 수수(收受)한 보험계약자 또는 피보험자
4. 제106조제1항제1호부터 제3호까지의 규정을 위반한 자
5. 제177조를 위반한 자

6. 제183조제1항 또는 제187조제1항에 따른 등록을 하지 아니하고 보험계리 업 또는 손해사정업을 한 자
7. 거짓이나 그 밖의 부정한 방법으로 제183조제1항 또는 제187조제1항에 따른 등록을 한 자

대납, 사은품관련 금지규정 및 처벌내용입니다. 대납을 도덕적인 문제로만 알고 있는 분도 많을 겁니다. 보시다시피 명백한 불법입니다. 제202조 3항에 보면 금품을 요구하여 수수한 보험계약자 또는 피보험자도 처벌대상입니다. 준 놈도 받은 놈도 다 처벌받는다는 겁니다. 설계사가 걸리면 그 설계사에게 가입한 고객들도 다 걸립니다. 내가 받을 때 안 걸렸다고 안심하면 안됩니다. 언제 잡혀갈지 모릅니다.

소탐대실[小貪大失]

주식은 망하면 낸 돈만 날리지만 보험은 망하면 집안을 날립니다. 보험 가입 기준이 대납이 되면 안 됩니다. 보험 잘못 가입해서 망한 사람 여럿 봤습니다. 돈 몇 푼 챙기려다 큰 화를 당할 수도 있습니다. 평생관리비용이라고 생각하면 설계사들이 받는 수당은 정말 적은 금액입니다. 정당하게 가입하고 당당하게 관리받는 것. 그것이 본인을 위한 길이고 나아가서 우리나라 보험시장을 위한 길입니다.

경험생명표가 뭔가요?

노후준비를 일찍 해야 하는 또 다른 이유 중 하나가 바로 '경험생명표'입니다. 경험생명표의 사전적 의미는 '생명보험에서 피보험자의 생명현상을 일정 기간 집단적으로 관찰하여 연령과 함께 변화하는 사망률에 관련된 사실을 분석하여 작성한 표'입니다. 말은 거창한 것 같지만 쉽게 얘기하면 보험회사에서 정한 남녀 평균수명을 작성한 표라는 얘기입니다. 1989년 도입되어서 2018년 기준 8회 경험생명표를 쓰고 있고 2019년에 9회 경험생명표가 나올 예정입니다.

	시행시기	남자	여자
1회	1989년	65.75세	75.65세
2회	1992년	67.16세	76.78세
3회	1997년	68.39세	77.94세
4회	2002년	72.32세	80.90세
5회	2006년	76.40세	84.40세
6회	2009년	78.50세	85.30세
7회	2012년	80.00세	85.90세
8회	2015년	81.40세	86.70세

1989년 처음 도입됐고 8회까지 오면서 평균수명이 남자는 15.65세, 여자는 11.06세가 증가했습니다. 이 표는 연금을 종신으로 수령할 때만 적용하는 표입니다. 종신연금이라는 것이 말 그대로 사람이 사망할 때까지 연금을 지급하는 건데 보험회사는 고객이 모아놓은 적립금을 한 달에 혹은 일 년에 얼마씩 줄지를 계산해야 합니다. 이 계산에 필요한 데이터가 경험생명표입니다.

　만약 1989년에 연금을 가입한 사람이 60세가 되어서 연금을 수령한다고 가정하면 남자의 경우 적립금을 5.75(65.75세-60세)로 나눠서 매년 지급하는 겁니다. 60세 당시 적립금이 1억이라면 매년 1억/5.75=1,739만 원을 사망할 때까지 받게 됩니다. 계산만 65.75세까지 산다는 가정 하에 하는 것이지 돈을 그때까지만 준다는 게 아닌거죠. 이 고객은 당연히 매년 1,739만 원을 사망할 때까지 받게 됩니다. 만약 100세까지 산다면 총 6억 9,560만 원을 연금으로 받게됩니다. 똑같은 1억을 8회 경험생명표를 토대로 계산해 보면 1년에받는 연금이 1억/(81.40세-60세)=467만 원밖에 안됩니다. 극단적인비교이긴 하지만 엄청난 차이입니다.

　적립금 5억을 60세부터 100세까지 수령한다는 가정 하에 회차 별연금수령액을 비교해 보겠습니다.

	남자		여자	
	연수령액	총수령액	연수령액	총수령액
1회	8,695만 원	34억 7,826만 원	3,194만 원	12억 7,795만 원
2회	6,983만 원	27억 9,329만 원	2,979만 원	11억 9,189만 원
3회	5,959만 원	23억 8,379만 원	2,787만 원	11억 1,482만 원
4회	4,058만 원	16억 2,337만 원	2,392만 원	9억 5,693만 원
5회	3,048만 원	12억 1,951만 원	2,049만 원	8억 1,967만 원
6회	2,702만 원	10억 8,108만 원	1,976만 원	7억 9,051만 원
7회	2,500만 원	10억 원	1,930만 원	7억 7,220만 원
8회	2,336만 원	9억 3,457만 원	1,872만 원	7억 4,906만 원

1989년에 연금을 가입한 30세 남자가 2018년에 60세가 되어서 연금을 받는다면 적립금 5억 기준으로 일 년에 8,695만 원을 사망할 때까지 받는 겁니다. 대충 계산해도 한 달에 700만 원입니다. 현실적으로 생각해서 1989년에 25만 원씩 30년 납입했다고 가정하면 5%로만 계산해도 적립금이 대략 2억 정도 됩니다. 2억을 1회 경험 생명표를 적용하면 60세부터 사망할 때까지 받을 수 있는 금액이 월 300만 원 정도 됩니다. 지금의 연금과 비교하면 어마어마한 수치입니다.

경험생명표는 3~4년 주기로 갱신되고 있습니다. 10년이면 경험생명표가 세 번 정도 바뀝니다. 2006년 가입해서 5회 경험생명표를 적용받는 것과 2015년 가입해서 8회 경험생명표를 적용받는 것을 비교해 보면 같은 적립금이라도 5회 경험생명표로 계산한 연금이 23%나 많습니다. 돈을 더 낸 것도 아니고 단지 일찍 가입했을 뿐인데도 이런 차이가 납니다. 특별한 지식이 없어도, 공부를 안 해도 일찍 가입하겠다는 마음만 먹으면 수익을 낼 수 있습니다. 이만큼 쉽게 수익률을 높일 수 있는 방법이 또 있을까요. 때로는 과감함이 신중함을 이길 때도 있는 겁니다.

저자와의 소통

블로그 주소

https://diymoney.blog.me/

인스타그램

diymoney

오픈카톡

diymoney

책을 읽고 궁금한 사항이 있으면 블로그, 인스타그램, 오픈카톡으로 질문하세요.

자세히 설명 드리겠습니다.

보험
지식
IN

ⓒ 이경제 · 이경락, 2019

초판 1쇄 발행 2019년 5월 24일

지은이   이경제 · 이경락
펴낸이   이기봉
편집   좋은땅 편집팀
펴낸곳   도서출판 좋은땅
주소   서울 마포구 성지길 25 보광빌딩 2층
전화   02)374-8616~7
팩스   02)374-8614
이메일   gworldbook@naver.com
홈페이지   www.g-world.co.kr

ISBN   979-11-6435-345-3 (03320)

이 도서의 국립중앙도서관 출판예정도서목록(CIP)은 서지정보유통지원시스템 홈페이지(http://seoji.nl.go.kr)와 국가자료공동목록시스템(http://www.nl.go.kr/kolisnet)에서 이용하실 수 있습니다. (CIP제어번호 : CIP2019018752)